샘 킴의
판타스티코
이탈리아!

샘 킴 지음

PROLOGUE

당신이 얼마나 가족을 사랑하는지,
요리로 말해주세요.

내 인생의 첫 셰프는 나의 어머니입니다.
솜씨가 좋아 요리사로 일하셨던 어머니를 따라다니며 저절로 요리와 친해졌어요. 어머니 손을 잡고 시장에 가서 싱싱한 채소와 생선을 고르는 일이 즐거웠지요.
그러다 점점 더 깊이 요리를 사랑하게 되었고 셰프가 되었습니다.
레스토랑을 찾은 나의 손님에게 내일은 어떤 요리를 선보일까 궁리하느라 밤낮없이 바쁜 스케줄에도 그리 피곤한지 모르고 지냅니다.

그런데 요즘, 요리만큼 제 인생에 커다란 존재가 또 있다는 것을 깨닫게 되었어요. 바로 나의 가족입니다.
요리를 만나게 해준 나의 어머니, 고등학교를 졸업할 무렵부터 지금까지 제 곁에서 가장 든든한 지원군이 되어주는 나의 아내. 그리고 저를 닮아 파스타를 좋아하는 아들 다니엘까지요. 다니엘이 태어난 후로는 제 요리 철학까지 바뀌게 되더군요. 제가 요리하는 가장 큰 이유가 가족이라는 것도 알게 해주었지요.

가족을 위해 요리를 해보세요.
요리를 하는 동안 사랑하는 이들을 떠올리고 그 손끝에 묻어난 정성이 고스란히 요리에 담겨집니다. 정성껏 차린 식탁은 가족을 한 자리에 모이게 하고 이야기를 나누면서 서로를 향한 마음을 전하는 자리가 되지요. 요리는 엄마와 아빠, 엄마와 아이, 아빠와 아이, 형과 동생 사이의 메신저랍니다

가족에게 "사랑해요"라고 말하는 가장 쉬운 방법을 우리는 모르고 있는 게 아닐까요?
지금 당장 마음을 고백하는 방법, 내 소중한 사람들을 행복하게 만드는 방법을 알려드릴게요.
제가 가장 자신 있는 이탈리아 요리 레시피에 그 비밀을 숨겨놨어요.
자, 다 같이 맛있는 요리를 만들어봅시다.
아이의 웃음소리가 벌써부터 들리는 것 같지 않나요?

2014년 봄, 산책길에.
Sam Kim

SAM'S
SECRET RECIPE

SAM's KITCHEN

요리의 베이스가 되는 소스, 국물 만들기와 홈메이드 저장 음식,
그리고 샘 킴의 조리 팁

- 10   홈메이드 소스와 드레싱 만들기
- 13   아들에게 만들어주는 심플 치즈와 잼, 피클
- 19   이탈리아 요리에 즐겨 사용하는 파스타와 허브
- 26   Sam Kim이 즐겨 쓰는 기본 국물 만들기
- 28   로맨틱한 밤을 위해! 와인 안주 플레이팅
- 30   Sam Kim의 요리에 자주 등장하는 조리법

VEGETABLE

우리 가족 채소 먹기 프로젝트
건강한 아침 식사, 날씬한 저녁 식사

- 38 건강하게, 당근수프
- 40 차가운 완두콩수프
- 42 달달한 단호박수프
- 44 감기 오는 날, 양파수프
- 46 구수한 버섯수프
- 48 파스타와 함께, 브로콜리수프
- 50 이탈리아식 생채소와 바냐 카우더
- 54 구운 빵을 곁들인 판자넬라샐러드
- 56 샘 킴의 심쓸 샐러드
- 60 따뜻한 버섯베이컨샐러드
- 62 피스타치오페스토와 구운 채소
- 64 토마토양파샐러드와 레몬오일드레싱
- 66 브로콜리와 마늘 매시드포테이토
- 70 고구마감자그라탱
- 72 감자시금치오징어크로켓과 타르타르소스
- 76 아스파라거스구이와 수란
- 80 심플 콜리플라워샐러드
- 82 구운 가지소를 곁들인 크로스티니
- 84 브로콜리토마토샐러드
- 86 리코타치즈를 곁들인 그린샐러드
- 88 **BONUS RECIPE** 너트 옷을 입힌 리코타치즈볼
- 90 캐러멜당근칩과 해바라기씨
- 92 가지를 살짝 튀긴 카포나타샐러드
- 94 그릴에 구운 애호박랩
- 98 사과코울슬로와 아이올리소스

PASTA & RISOTTO

셰프 아빠의 손맛 이탈리아 요리
숨겨두었던 레시피를 꺼내 만든 파스타 & 리소토

106	심플 볼로네제탈리아텔레	132	닭가슴살채소스파게티
108	BONUS RECIPE 볼로네제소스로 만든 감자그라탱	134	광어페넬올리브스파게티
110	가지모차렐라치즈가르가넬리	136	보타아그라를 곁들인 스파게티
114	엔초비브로콜리오레끼에떼	140	버섯프로슈토크림소스탈리아텔레
120	감자시금치카넬로니	142	단호박라비올리
122	구운 채소를 올린 토마토소스펜네	146	흰살생선토마토소스리소토
124	참치토마토리가토니	148	냉장고 속 채소로 만든 심플 리소토
128	새우조개브로콜리스파게티	151	BONUS RECIPE 채소리소토로 속을 채운 아란치니 밤
		152	초리조완두콩리소토

MEAT & FISH

가족을 위한 만찬
샘 킴표 가정식 고기 & 생선 요리

160	마늘과 함께 구운 로스티드치킨	184	세 가지 콩으로 만든 광어콩소메
162	구운 사과를 곁들인 돼지목살구이	188	연어구이와 쿠스쿠스샐러드
166	감자로 감싼 농어구이와 보리샐러드	190	홍합튀김과 심플 토마토샐러드
170	농어구이와 두 가지 소스	192	리소토로 속 채운 오징어구이
172	농어구이와 강낭콩초리조스튜	194	생선무스와 아보카도살사
174	샘 킴 스타일 햄버그	200	쪽파와 참나물을 곁들인 문어샐러드
178	파르팔레를 넣은 치킨누들수프	204	연어그라브락스와 달걀샐러드
180	렌틸콩과 함께 먹는 소시지구이	206	민트페스토를 곁들인 양갈비와 폴렌타

SWEET DESSERT

달달하게 사랑을 표현하는 샘 킴만의 비법
아내와 아들을 위한 특급 디저트

- 216 슈퍼 사이즈 무화과크레이프
- 218 바나나블루베리팬케이크
- 220 다니엘을 위한 다크 초코파이
- 226 초코크림을 넣은 스위트 에클레어
- 228 베리를 곁들인 커스터드크림
- 232 토마토잼을 곁들인 스콘
- 234 티타임에 어울리는 마들렌
- 236 무화과필링을 얹은 미니 타르트
- 240 레몬크림과 머랭을 올린 타르트
- 242 스노우 볼을 닮은 머랭쿠키
- 246 두 가지 맛 컵케이크
- 250 환상적인 과일 잔치, 마체도니아
- 252 샘 킴 스타일 세 가지 맛 소르베
- 257 프레시 레몬에이드
- 257 리얼 오렌지에이드
- 258 꿀 발라! 자몽 꿀재미

SAM'S KITCHEN

요리의 베이스가 되는 소스,
국물 만들기와 홈메이드 저장 음식,
그리고 샘 킴의 조리 팁

Sam's Sauce & Dressing
홈메이드 소스와 드레싱 만들기

홈메이드 스타일 요리의 시작은 뭐니 뭐니 해도 소스와 드레싱부터 직접 만들어서 사용하는 것입니다. 요리를 간편하게 도와주는 시판 소스들도 훌륭하지만 그래도 집에서 만든 신선하고 건강한 맛은 따라올 수 없겠지요? 쉽고 간단하게 만들 수 있는 방법을 알려드릴게요.

아이올리 소스

달걀노른자 1개 분량, 디종머스터드 1작은술, 레몬즙 3큰술, 다진 마늘 1작은술, 올리브오일 5큰술

1. 믹싱볼에 달걀노른자, 디종머스터드, 다진 마늘을 넣고 올리브오일을 조금씩 부어가며 고루 섞는다.
2. 소스가 마요네즈처럼 되면 레몬즙을 조금씩 넣어가며 다시 한 번 고루 섞는다.

**에그
타르타르
소스**

달걀 1개, 케이퍼 7알, 아이올리소스 p.10 참조 3큰술, 레몬 1개, 다진 파슬리 1작은술, 소금 조금

1 달걀을 삶아서 식힌다.

2 믹싱볼에 아이올리소스를 넣고 케이퍼를 살짝 다져 넣은 다음 삶은 달걀을 넣고 으깨가며 고루 섞는다. 여기에 레몬즙을 내서 넣고 소금과 다진 파슬리로 간을 맞춘다.

**심플
사우어
소스**

사우어크림 1컵, 레몬 1/2개, 소금 1/2작은술, 차이브 다진 것 조금

1 믹싱볼에 사우어크림 1컵을 넣는다.

2 레몬즙을 내서 1에 넣는다. 소금을 조금 넣고 차이브 다진 것을 뿌린다.

**토마토
소스**

토마토홀 1통 2.8kg, 양파 1개, 소금 1큰술, 설탕 1큰술, 월계수잎 1장, 올리브오일 적당량

1 토마토홀은 믹서에 넣고 곱게 간다. 양파는 껍질 벗겨 얇게 슬라이스한다.

2 냄비에 올리브오일을 넉넉히 두르고 슬라이스한 양파를 볶다가 토마토를 넣어 볶는다.

3 2에 소금과 설탕을 넣은 뒤 월계수잎을 넣고 1시간~1시간 30분 정도 중간 불에서 뭉근하게 조린다.

화이트 와인드레싱

화이트와인 3큰술, 올리브오일 9큰술, 설탕 1작은술, 샬롯 1/3개, 다진 파슬리 1작은술, 소금·후춧가루 조금씩

1. 샬롯과 파슬리는 곱게 다진다.
2. 믹싱볼에 다진 샬롯과 파슬리, 화이트와인, 설탕을 넣고 올리브오일을 조금씩 부어가며 고루 섞는다. 부족한 간은 소금과 후춧가루로 맞춘다.
3. 냉장고에 30분 이상 넣어두어 차갑게 만든 다음 사용한다.

레몬 오일 드레싱

레몬즙 3큰술, 올리브오일 9큰술, 소금·후춧가루 조금씩

1. 믹싱볼에 레몬즙을 넣고 올리브오일을 조금씩 부어가며 고루 섞는다.
2. 소금과 후춧가루로 간을 맞춘다.

Sam's Preserving food
아들에게 만들어주는 심플 치즈와 잼, 피클

다니엘을 위해 치즈와 잼을 자주 만들어요. 너무 짜지 않고 신선한 치즈를 매일 먹이고 싶어 일을 마치고 돌아온 늦은 밤에도 치즈를 만들어 냉장고에 넣고 잠들지요. 잼은 다니엘이 좋아하는 토마토잼과 당근잼을 소개할게요. 담백하게 먹을 수 있는 영양 잼이에요. 피클도 몇 가지 만들어두고 요리에 어울리는 것으로 꺼내 드세요.

홈메이드 리코타치즈

우유 1ℓ, 생크림 1ℓ, 플레인요거트 400g, 레몬 3개, 설탕 60g, 소금 25g

1 냄비에 우유, 생크림, 설탕, 소금을 넣고 약한 불에서 천천히 끓인다.
2 거품이 일어나기 시작하면 요거트를 넣고 고루 섞는다.
3 덩어리가 지기 시작하면 레몬즙을 내서 넣고 다시 한 번 살짝 끓인다.
4 면보자기에 부어 물은 거르고 치즈만 냉장고에 하루 정도 보관했다가 먹는다.

토마토 잼

방울토마토 30개, 설탕 1컵

1. 토마토를 끓는 물에 살짝 데쳐 껍질을 벗기고 꼭지도 뗀다.
2. 냄비에 토마토와 설탕을 넣고 나무주걱을 이용해 토마토 과육을 으깨가며 약한 불에서 천천히 끓인다. 잼 형태로 졸아들면 불에서 내린다.

note 과일마다 크기와 과즙의 양이 다르기 때문에 설탕의 양이 조금씩 달라지기도 해요. 과즙이 적으면 단맛과 농도가 부족하게 되니 설탕이 조금 더 들어가게 되지요. 몇 번 만들다보면 과일마다의 차이에 따라 조절할 수 있어요.

오렌지 잼

오렌지 7개, 설탕 1컵, 통계피 1개

1. 오렌지 2개의 껍질을 얇게 슬라이스한다. 끓는 물과 얼음물을 준비해 오렌지 껍질을 뜨거운 물에 담갔다 얼음물에 담갔다 10초씩 번갈아 5회 이상 한다.
2. 나머지 오렌지까지 모두 껍질을 벗기고 오렌지의 흰 섬유질 부분을 다 제거한 다음 과육만 모은다.
3. 냄비에 과육을 모두 넣고 오렌지 껍질 부분의 과즙을 짜서 넣는다.
4. 3에 설탕을 넣고 약한 불에 올려 나무주걱을 이용해 으깨가며 끓여 조린다.
5. 잼의 농도가 나오기 시작하면 1에서 여러 번 데쳤다 식혔다 해둔 오렌지 껍질 슬라이스를 넣고 통계피를 넣어 마무리한다.

방울토마토피클

방울토마토·
버섯·
샬롯·
가지피클

방울토마토 10개, 느타리버섯 10개, 양송이버섯 10개, 샬롯 10개, 가지 5개, 화이트와인 300㎖, 올리브오일 1ℓ, 타임 5줄기

1　믹싱볼에 올리브오일과 화이트와인을 넣고 고루 섞는다.

2　방울토마토는 뜨거운 물에 살짝 데친 다음 찬물에 담갔다 꺼내 껍질을 벗기고 꼭지도 뗀다.

3　가지는 껍질째 깨끗이 씻어 먹기 좋은 크기로 자른다. 버섯도 먹기 좋은 크기로 자르고 샬롯은 껍질을 벗긴다.

4　끓는 물에 가지, 버섯, 샬롯을 넣고 데친다. 가지와 버섯은 1분 뒤 꺼내고 샬롯은 3분 정도 데친다.

5　용기를 4개 준비해 각각의 채소들을 따로 넣은 다음 1을 각각 부어 재료가 완전히 잠기도록 한다.

6　각각의 용기에 타임을 넣고 뚜껑을 덮어 냉장보관한 다음 하루 정도 지난 뒤부터 먹는다.

Pasta & Herb

이탈리아 요리에 즐겨 사용하는 파스타와 허브

대표적인 이탈리아 요리라 할 수 있는 파스타와 이탈리아 요리에 자주 쓰이는 허브의 종류를 소개할게요. 어떤 소스로 만드느냐에 따라 어울리는 파스타의 종류가 조금씩 달라집니다. 허브를 적절히 활용하면 요리의 마무리가 완벽해지지요. 집에서 생면 파스타를 만들기는 쉽지 않아 대부분 건면을 사용하지만, 그래도 생생한 맛을 느낄 수 있는 생면 파스타 레시피까지 살짝 공개할게요.

여러 가지 파스타 구경하기

스파게티 Spaghetti
가장 일반적으로 알고 있는 파스타. 가늘고 긴 롱 파스타로, 어떤 종류의 소스와도 잘 어울린다.

탈리아텔레 Tagliatelle
스파게티보다 넓적한 모양으로 칼국수와 생김새가 비슷하다. 면발이 두꺼워 치즈가 들어간 소스나 크림소스에 잘 어울린다. 면을 돌돌 말아놓은 파스타를 본 적 있다면 이것이 바로 탈리아텔레다.

펜네 Penne
길이가 짧고 가운데가 비어 있는 파스타. 양쪽 끝이 펜촉처럼 뾰족하다. 비어 있는 공간에 소스가 듬뿍 머물면서 깊은 맛을 낸다. 시금치, 토마토 등의 재료를 섞어 만들면 면에 각각의 채소 색이 나 보기에도 예쁘고 영양 면에서도 훌륭한 파스타가 된다.

푸실리 Fusilli
나사처럼 돌돌 말린 모양이 재미있다. 차갑게 먹는 파스타샐러드에 잘 어울리며 꼬불꼬불한 모양이 소스를 머금어 더욱 맛좋은 요리가 완성된다. 모양이 귀여워 아이들이 좋아한다.

파르펠레 Farfalle
나비넥타이 모양이 예쁜 쇼트 파스타. 수프나 샐러드용으로 적합하다. 요리를 담아놓을 때 모양이 좋아 포인트 메뉴로 활용할 수 있다. 채소를 활용한 다양한 색의 파르펠레를 섞어 사용하면 더욱 예쁘다.

콘킬리에 Conchiglie
소라껍질 모양이 앙증맞다. 동그란 안쪽 홈에 소스가 듬뿍 담겨 진한 맛을 즐길 수 있다. 스파게티보다 조금 더 긴 시간 동안 삶는 것이 좋다.

리가토니 Rigatoni
마카로니처럼 짧고 속이 비어 있는 모양의 파스타로, 라자냐를 둥글게 말아 만든 것처럼 매우 굵은 것이 특징이다.

까사레체 Casarecce
양쪽 끝이 안으로 말려들어가 있는 모양이 특이하다. 길이가 짧은 파스타로, 다양한 소스와 잘 어울린다.

로텔레 Rotelle
수레바퀴를 닮았다. 주로 토마토나 바질 등으로 만든 가벼운 소스를 곁들이며 차갑게 먹는 샐러드 등에 많이 쓰인다.

오레끼에떼 Orecchiette
동글납작한 모양의 파스타. 샐러드로 만들어 먹어도 좋고 신선한 채소와 함께 하는 오일 베이스 요리에도 어울린다. 책에서는 브로콜리, 토마토, 올리브, 엔초비를 곁들였다. 삶는 시간은 1인분 기준 10분 정도가 적당하다.

가르가넬리 Garganelli
넓적한 파스타를 한두 번 돌돌 말아놓은 모양이 펜네Penne와 비슷하다. 여러 가지 소스에 두루 어울리는 쇼트 파스타. 직접 파스타를 만들어 사용한다면 반죽을 사각형으로 잘라 말아주면 된다.

생면 파스타 만들기

밀가루 200g, 달걀 1개, 달걀노른자 5개 분량

1. 믹싱볼에 밀가루를 넣고 가운데에 달걀 1개와 노른자 5개 분량을 넣어 고루 섞는다. 밖에서부터 안쪽으로 밀가루를 조금씩 밀어 넣어가며 고루 섞어 동그랗게 만든다. 이 상태로 냉장고에 30분 정도 넣어둔다.

2. 반죽을 꺼내 원하는 모양의 파스타를 만든다. 면을 길게 뽑아도 되고 짧게 잘라 모양을 내 쇼트파스타로 만들어도 좋다.

파스타 요리를 할 때 제 옆에는 늘 소금물이 끓고 있어요. 소금물에 파스타를 삶은 다음 그 물을 파스타 요리의 육수로 사용합니다. 채소스톡이나 치킨스톡 등을 사용해도 되지만 집에서 요리할 때 가장 간편하게 만드는 방법은 바로 이 파스타 끓인 물을 이용하는 거예요. 또 모든 파스타 요리에 팁 한 가지. 마지막에 센 불에서 마무리하는 것, 잊지 마세요!

여러 가지 허브 구경하기

딜 Dill
생선이나 새우 등을 마리네이드할 때나 소스를 만들 때 쓰인다. 상쾌한 향을 살리기 위해 잎을 그대로 썰어 샐러드에 넣기도 하며 감자요리에도 잘 어울린다.

로즈마리 Rosemary
고기 요리에 은은한 향을 더하고 생선의 비린내를 없애는 역할을 한다. 특히 고기를 구울 때 뿌리거나 소스를 만들 때 자주 등장하는 허브. 말려서 빻은 것을 구입해 손쉽게 사용하기도 한다.

민트 Mint
박하의 시원한 향과 맛을 낸다. 고기나 생선 요리의 향료로 쓰이며 잎으로 차를 만들어 마시기도 한다. 상큼한 에이드에 한두 잎 띄워 마시면 기분까지 상쾌해진다.

바질 Basil
이탈리아 요리에 가장 많이 사용되는 허브라고 해도 과언이 아니다. 특히 토마토로 만든 요리와 잘 어울린다. 생바질 잎을 넣기도 하고 말려서 가루로 만든 것을 사용하기도 한다.

마조람 Majoram
'고기의 허브'라는 별명을 가지고 있을 정도로 고기 요리에 주로 쓰인다. 치즈 요리나 샐러드에도 어울리며 잘게 썰어 허브버터를 만들기도 한다.

타임 Thyme
고기, 생선, 채소 요리에 두루 사용한다. 특히 생선 비린내와 육류 특유의 잡냄새를 제거하는 데 탁월하며 지방이 많은 음식의 소화를 돕기도 한다.

처빌 Chervil
처빌에는 열을 가하면 향미가 없어지는 특징이 있어 주로 샐러드에 사용되고, 육류나 해산물 등에 부드러운 맛을 더한다.

차이브 Chive
양파와 비슷한 향이 난다. 잘게 썰어 수프에 넣거나 소스의 향을 내는 데 쓰이며, 가는 부추와 생김새가 비슷하다. 고기나 생선 요리의 향신료로 애용하는 허브.

Base of food, Stock
Sam Kim이 즐겨 쓰는 기본 국물 만들기

베이스가 되는 국물 맛이 요리 전체의 맛을 결정합니다. 정성껏 만든 육수는 요리에 자신감을 심어주기도 하지요. 제가 자주 사용하는 채소, 조개, 닭고기 국물 내는 법을 알려드릴게요. 저는 '스톡 Stock'이라고 부른답니다. 치킨스톡! 많이 들어보셨지요? 닭고기육수라는 뜻이에요.

채소 스톡

양파 5개, 당근 2개, 셀러리 5줄기, 파슬리 6줄기, 마늘 6쪽, 통후추 7~8개, 월계수잎 1장, 차가운 물 충분한 양

1. 양파와 당근은 깨끗이 씻어 껍질을 벗기고 큼직하게 썬다. 셀러리와 파슬리는 적당한 길이로 자른다.
2. 냄비에 손질한 채소와 마늘, 통후추, 월계수잎을 넣고 재료가 푹 잠길 정도의 찬물을 부어 끓인다.
3. 국물의 양이 1/3 정도로 줄어들 때까지 끓인다.

조개 스톡

모시조개 30마리, 파슬리 4줄기, 마늘 4쪽, 화이트와인 1/3컵, 물 2컵, 올리브오일 적당량

1. 냄비에 올리브오일을 두르고 마늘을 으깨서 넣은 다음 살짝 볶는다. 해감한 조개를 넣고 다시 한 번 볶는다.
2. 화이트와인을 붓고 파슬리를 넣은 뒤 다시 한 번 볶아 뚜껑을 덮고 그대로 둔다.
3. 조개가 입을 벌리면 준비한 물을 부어 국물의 농도를 맞춘다.

치킨 스톡

닭뼈 3kg, 양파 2개, 당근 1개, 셀러리 3줄기, 파슬리 5줄기, 마늘 3쪽, 통후추 7~8개, 월계수잎 1장, 차가운 물 충분한 양

1. 양파와 당근은 깨끗이 씻어 껍질을 벗기고 큼직하게 썬다. 셀러리와 파슬리는 적당한 길이로 자른다.
2. 냄비에 닭뼈와 채소, 마늘, 통후추, 월계수잎을 넣고 재료가 모두 푹 잠길 정도의 찬물을 부어 끓인다.
3. 국물의 양이 1/3 정도로 줄어들 때까지 끓인다.

Romantic Wine-time

로맨틱한 밤을 위해! 와인 안주 플레이팅

레스토랑이나 와인 바에서만 근사한 안주를 맛볼 수 있는 것이 아니에요. 집에서도 남편을 또는 아내를, 친구들을 위해 멋진 안주 플레이팅을 시도해보세요. 저는 이렇게 한답니다.

슬라이스한 햄, 다양한 치즈, 견과류, 올리브, 구운 채소, 심플 샐러드, 그리시니 등

Sam Kim's Style
Sam Kim의 요리에 자주 등장하는 조리법

토마토 껍질을 벗기고 생선을 굽고 해산물을 데칠 때 특별한 노하우를 가지고 계신가요? 작은 팁이지만 제가 알려드리는 방법대로 만들면 좀 더 편하게 만들고 제대로 맛을 낼 수 있을 거예요. 알아두었다가 어떤 요리에든 활용해보세요. 작은 차이가 요리를 다르게 만들지요. 방법을 알면 요리가 더 재미있어지는 것도 물론이고요.

토마토 껍질 쉽게 벗기기

1. 토마토의 꼭지 반대쪽에 십자로 칼집을 넣는다.
2. 끓는 물에 넣고 30초 정도 살짝 데친다. 방울토마토의 경우 30초보다 더 잠깐만 데친다.
3. 데쳐낸 토마토를 매우 차가운 얼음물에 담갔다가 꺼내 껍질을 벗긴다. 오래 담가둘 필요는 없다.

파프리카 굽기

1 프라이팬에 파프리카를 통째 올려 겉이 거뭇거뭇하게 타도록 굽는다.

2 믹싱볼에 구운 파프리카를 넣고 랩으로 완전히 덮어 5분 정도 두었다가 꺼내 파프리카의 검게 탄 부분을 벗겨낸다.

3 보관 용기에 담고 파프리카가 완전히 잠길 정도의 올리브오일을 부어 뚜껑을 덮고 냉장고에 보관한다. 2주 정도 보관 가능하다.

note 또 다른 방법이 있어요. 파프리카에 올리브오일을 고루 바른 뒤 175℃의 오븐에서 10~15분 정도 구워요. 물론 파프리카 크기에 따라 굽는 시간이 달라져요. 구운 파프리카는 식혀서 보관 용기에 담고 올리브오일을 채워 냉장보관하세요.

생선 잘 굽는 법

1 생선은 껍질 쪽부터 팬에 닿게 하여 굽는다. 구울 때는 손으로 지그시 눌러준다.

2 반대로 뒤집어 같은 방법으로 굽는다.

해산물 비리지 않게 데치기

셀러리 2줄기, 당근 1개, 양파 2개, 레몬 1/2개, 차가운 물 2ℓ

1. 셀러리는 큼직큼직하게 자른다. 당근은 껍질을 벗기고 큼직큼직하게 자른다. 양파는 껍질을 벗기고 2등분한다.
2. 냄비에 차가운 물을 넣고 셀러리, 당근, 양파, 레몬을 넣어 끓인다.
3. 물이 1/4 정도로 줄어들면 해산물을 넣고 살짝 데쳐낸다.

재료를 알맞게 썰기 위한 손 모양

마늘, 양파, 감자, 당근 등 재료를 자유자재로 자르려면 재료를 고정시키는 손과 칼의 위치, 방향이 적절해야 해요. 손가락을 사진과 같이 구부리고 칼의 면이 손가락에 닿도록, 또 칼날이 재료와 직각이 되도록 하는 것이 중요합니다.

아빠, 준비 다 됐어요?
그럼 이제 맛있는 요리 만들어주세요!

TABLE

우리 가족 채소 먹기 프로젝트
건강한 아침 식사, 날씬한 저녁 식사

수프를 끓일 때면 떠오르는 기억이 하나 있어요.
아내와 연애를 오래 했는데
어느 해인가 밸런타인데이에 아내에게 줄 선물을 깜빡 잊은 거예요.
늦은 저녁, 부랴부랴 수프를 한 그릇 끓였어요. 양파수프였지요.
그런데 웬걸요? 초콜릿 대신 양파수프를 선물로 받은 아내가 정말 기뻐하는 거예요.
바쁘다는 핑계로 서운하게 만드는 일이 많은 참이었는데, 무사히 넘어갔어요.
아마도 수프를 끓이는 동안 아내를 생각하며 정성을 들인 제 마음을 높이 산 것이겠지요.
이처럼 음식은 사람의 마음을 전해 감동을 주는 최고의 선물이라고 생각합니다.
지금 당장 수프 한 그릇을 선물하고 싶은 사람, 누가 떠오르세요?

Four Vegetable Soup

아침을 건강하게, 네 가지 채소수프

건강하게, 당근수프

당근 3개, 양파 1개, 채소스톡 p.26 참조 700㎖, 타임 1줄기, 생크림 1컵, 소금 조금, 올리브오일 적당량

1. 양파는 껍질 벗겨 반으로 자른 다음 얇게 슬라이스한다. 당근은 껍질을 벗기고 둥근 모양을 살려 얇게 슬라이스한다.

2. 냄비에 올리브오일을 두르고 양파를 볶는다. 양파가 투명하게 익기 시작하면 당근을 넣고 볶아가며 소금을 조금 넣어 간을 맞춘다.

3. 당근이 익기 시작하면 타임을 넣은 다음 채소스톡을 여러 번에 나누어 부어가며 당근이 익을 때까지 끓인다.

    note 당근을 얇게 슬라이스해서 요리하면 잘 익을 뿐 아니라 국물이 고루 배어들어 깊은 맛을 냅니다. 채소스톡을 한 번에 다 붓지 말고 당근에 흡수되어 뭉근하게 끓도록 몇 번에 나누어 넣으세요.

4. 당근이 다 익으면 믹서에 넣고 곱게 갈아 냄비에 붓는다. 여기에 생크림을 넣고 약한 불에서 잘 저어가며 끓인다.

    note 생크림의 양에 따라 맛과 색이 달라집니다. 생크림을 많이 넣으면 크림수프에 가까워지겠죠?

다니엘도 잘 먹는 수프예요!
뚜껍지 않으니 컵에 담아주면 주스처럼 혼자서 잘 마셔요.
색깔도 예쁘고 완두콩, 감자, 양파가 들어가 채소 먹이기에 굿 아이디어지요?

cold Pea Soup

차가운 완두콩수프

완두콩 100g, 양파 1/2개, 감자 1/2개, 채소스톡 p.26 참조 700㎖, 소금 조금, 올리브오일 적당량

1. 감자는 껍질을 벗기고 작은 주사위 크기 사방 1×1cm로 자른다. 양파는 껍질 벗겨 슬라이스한다.
2. 냄비에 올리브오일을 두르고 양파를 볶다가 양파가 익기 시작하면 감자를 넣는다. 소금으로 간을 맞추며 볶다가 완두콩을 넣고 다시 한 번 볶는다.

   note 완두콩은 미리 깨끗이 씻어 체에 놓고 물기를 제거하세요.
3. 2에 채소스톡을 여러 번에 나누어 넣어가며 감자와 완두콩이 익을 때까지 끓인다. 다 익으면 믹서에 넣고 곱게 간다.
4. 수프를 상온에서 식힌 뒤 냉장고에 넣어 차갑게 보관했다 먹는다.

kabocha soup

달달한 단호박수프

단호박 1개, 양파 1/2개, 채소스톡 p.26 참조 500㎖, 타임 1줄기, 생크림 1컵, 소금 조금, 올리브오일 적당량

1   단호박은 껍질을 벗기고 씨를 제거한 다음 큰 주사위 크기 사방 1.5×1.5cm로 자른다. 양파는 껍질을 벗기고 얇게 슬라이스한다.
2   냄비에 올리브오일을 두르고 양파를 볶는다.
3   양파가 익기 시작하면 단호박을 넣고 다시 한 번 볶으며 소금으로 간을 맞춘다.
4   단호박의 겉면이 살짝 익기 시작하면 타임을 넣고 채소스톡을 여러 번에 나누어 부어가며 단호박이 익을 때까지 끓인다.
5   단호박이 다 익으면 믹서에 넣어 곱게 갈아 냄비에 붓는다. 여기에 생크림을 넣고 약한 불에서 잘 저어가며 끓인다.

Onion Soup

스푼으로 치즈를 푹~ 눌러 배어나오는 국물을 맛보고 안쪽의 양파, 베이컨, 치킨을 찾아내는 재미가 있지요.
으슬으슬 감기 기운 있는 날 한 그릇 먹으면 아주 좋답니다.

감기 오는 날, 양파**수프**

양파 2개, 슬라이스베이컨 5장, 마늘 2쪽, 닭가슴살 1조각, 타임 2줄기, 화이트와인 2큰술, 치킨스톡 p.27 참조 700㎖, 바게트 2조각, 모차렐라슬라이스치즈 2장, 소금·후춧가루 조금씩, 올리브오일 적당량

1. 양파는 껍질 벗겨 얇게 슬라이스하고 베이컨도 얇게 슬라이스한 것으로 준비한다.
2. 팬에 올리브오일을 두르고 베이컨과 닭가슴살을 올려 굽는다.

   note 베이컨과 닭가슴살이 타지 않도록 하세요. 겉과 속이 알맞게 익은 정도면 됩니다.

3. 베이컨과 닭가슴살이 익으면 키친타월 위에 올려둔다. 이 프라이팬에 양파와 으깬 마늘을 넣고 양파가 진한 갈색으로 변할 때까지 볶는다. 소금을 조금 넣어 간을 맞춘다.
4. 양파가 갈색이 되면 화이트와인을 넣고 익혀둔 베이컨과 닭가슴살을 넣는다. 치킨스톡을 부어 끓이면서 간이 부족하면 소금을 조금 더 넣는다.
5. 오븐용 그릇에 4의 양파수프를 붓고 바게트를 올린 다음 그 위를 모차렐라치즈로 덮는다. 175℃의 오븐에 넣어 치즈가 녹을 때까지 굽는다.

   note 오븐용 그릇에 담기 전에 닭가슴살은 건져내도록 하세요. 담백한 맛이 우러났으니 닭가슴살의 역할은 여기서 끝!

mushroom Soup

수프 한 그릇이면 든든한 아침식사를
차릴 수 있어요.
이때 저는 구운 빵 한 조각을 반드시
곁들인답니다.

구수한 버섯수프

양송이버섯 30개, 양파 1/2개, 타임 1줄기, 생크림 1컵, 채소스톡 p.26 참조 700㎖, 버터 1작은술, 소금 조금, 올리브오일 적당량

1. 양송이버섯은 마른 수건으로 겉면을 닦은 다음 슬라이스하고 양파는 껍질 벗겨 얇게 슬라이스한다.
2. 냄비에 올리브오일을 두르고 양파를 볶다가 양파가 익기 시작하면 버섯을 넣는다. 소금으로 간을 맞춰가며 볶는다.
3. 2에 버터를 넣고 다시 한 번 고루 섞어가며 볶고 여기에 채소스톡을 여러 번에 나누어 부어가며 버섯이 익을 때까지 끓인다.
4. 3을 믹서에 넣고 곱게 갈아 냄비에 붓는다. 생크림을 넣고 약한 불에서 잘 저어가며 끓인다.

Broccoli Soup

파스타와 함께, 브로콜리**수프**

브로콜리큰 것 3개, 양파 1개, 채소스톡 p.26 참조 1ℓ, 생크림 1컵, 소금 조금, 올리브오일 적당량

1. 브로콜리는 깨끗이 씻고 밑동을 잘라 송이별로 하나하나 분리한다. 양파는 껍질을 벗기고 얇게 슬라이스한다.
2. 냄비에 올리브오일을 두르고 양파를 볶는다.
3. 양파가 익기 시작할 때 브로콜리를 넣고 볶다가 소금으로 간을 맞춘다.
4. 브로콜리를 충분히 볶은 다음 채소스톡을 여러 번에 나누어 부어가며 브로콜리가 익을 때까지 끓인다.
5. 4를 믹서에 넣고 곱게 갈아 냄비에 붓는다. 생크림을 넣고 약한 불에서 잘 저어가며 끓인다.

저는 브로콜리파스타를 만들 때 브로콜리를 넉넉히 준비해 수프까지 만들곤 합니다.

Bagna Cauda

이탈리아식 생채소와 **바냐 카우더**

채소   당근 1/3개, 오이 1/3개, 셀러리 1줄기, 아스파라거스 1개, 빨강무 1개, 엔다이브 2장, 라디치오 1/4개, 백만송이버섯 1송이, 아보카도 1/2개
소스   마늘 20쪽, 우유 500㎖, 엔초비 2마리, 케이퍼 10알, 올리브오일 100㎖, 소금 조금

1. 당근은 필러로 껍질을 벗기고 스틱 모양의 먹기 좋은 크기로 자른다. 오이는 표면의 가시를 칼로 긁어 제거하고 당근과 같은 크기로 자른다. 셀러리와 아스파라거스도 당근과 같은 길이로 자른다.

2. 아보카도는 반 갈라 씨를 제거하고 과육만 먹기 좋게 자른다. 버섯은 가닥을 나누고 빨강무는 깨끗이 씻는다. 라디치오와 엔다이브는 한 장씩 떼어 깨끗이 씻는다.

note   손질한 채소들은 물기를 제거하고 보관용기에 담아 냉장고에 넣어두세요. 채소는 차갑게, 소스는 따뜻하게!

3. 우유와 마늘을 함께 냄비에 넣고 약한 불에서 서서히 끓이면서 마늘을 익힌다.

든든한 나의 지원군! 후배 요리사들과 함께.

4   포크로 마늘을 눌러보아 마늘이 으깨질 정도록 익으면 엔초비와 케이퍼를 넣고 5분 정도 약한 불에서 끓이며 고루 섞는다.

5   4를 믹서에 넣고 올리브오일을 조금씩 부어가며 갈아 소스를 완성한다. 소금으로 간을 맞춘다.

note

바냐 카우더 Bagna Cauda는 이탈리아 북부 지방에서 즐겨 먹는다는 딥Dip소스랍니다. 엔초비와 마늘, 우유가 주재료이지요. 꼭 따뜻하게 먹어야 해요! 채소나 바게트에 곁들이면 잘 어울립니다.

What you eat is who you are.
– Sam Kim

Panzanella Salad

구운 빵을 곁들인 판자넬라샐러드

빨강파프리카 1개, 오이 1/2개, 빨강양파 1/4개, 블랙올리브 3개, 방울토마토 5개, 석류 1/4개, 러스틱브레드 또는 바게트 3조각, 화이트와인드레싱 p.12 참조 1/2컵, 다진 파슬리 1작은술, 소금·통후추 조금씩, 올리브오일 적당량

1. 파프리카에 올리브오일을 바른 뒤 오븐 팬에 올려 175℃의 오븐에서 굽는다. p.31 참조 구운 파프리카는 껍질을 벗기고 먹기 좋은 크기로 자른다.
2. 빨강양파는 껍질을 벗기고 얇게 슬라이스한다.
3. 오이는 가시를 칼로 긁어 제거하고 둥근 모양을 살려 슬라이스한다. 블랙올리브도 둥근 모양을 살려 슬라이스한다. 방울토마토는 꼭지를 떼고 2등분한다. 빵은 먹기 좋은 크기로 찢어놓는다.
4. 믹싱볼에 1~3의 재료와 다진 파슬리, 화이트와인드레싱을 넣어 섞은 다음 소금과 통후추 간 것을 조금 뿌리고 고루 섞어 간을 맞춘다.
5. 접시에 올리고 석류를 곁들인다.

note 이때 빵을 너무 많이 넣으면 빵이 드레싱을 모두 흡수해 요리 전체에 드레싱이 부족해지고 빵은 축축해지니 주의하세요!

샘 킴의 **심플 샐러드**

아스파라거스 2대, 엔다이브 2장, 라디치오 1/2개, 루꼴라 20g, 애호박 1/2개, 방울토마토 5개, 화이트와인드레싱 p.12 참조 1/2컵, 파르메산치즈가루 1큰술, 소금·후춧가루 조금씩, 올리브오일 적당량

1. 애호박과 아스파라거스는 깨끗이 씻은 다음 필러를 이용해 세로로 길게 슬라이스한다.
2. 라디치오와 엔다이브는 한 장씩 떼어 슬라이스한다. 방울토마토는 꼭지를 떼고 2등분한다. 루꼴라는 깨끗이 씻어 물기를 제거한다.
3. 얇게 슬라이스한 애호박과 아스파라거스에 올리브오일을 바르고 소금과 후춧가루를 조금 뿌려 간을 한 뒤 그릴 팬에 올려 굽는다.
4. 접시에 구운 애호박과 아스파라거스, 라디치오와 엔다이브, 루꼴라, 방울토마토를 보기 좋게 올리고 화이트와인드레싱과 파르메산치즈가루를 뿌린다.

그릴 자국이 난 애호박과 아스파라거스 슬라이스를 보는 순간,
노릇노릇하게 익은 채소가 얼마나 먹음직스러운지요!
무슨 요리라도 얼른 만들어야 할 것 같아요.

Warm Mushroom Salad

따뜻한 버섯베이컨샐러드

새송이버섯 3개, 표고버섯 3개, 백만송이버섯 5송이, 애느타리버섯 3송이, 베이컨 3장, 마늘 1쪽, 버터 1/2큰술, 타임 1줄기, 화이트와인 2큰술, 올리브오일 4큰술, 소금·후춧가루 조금씩

1. 새송이버섯과 백만송이버섯, 느타리버섯은 적당히 가닥을 나누고 표고버섯은 4등분한다. 베이컨은 곱게 다진다.
2. 살짝 달군 프라이팬에 손질한 버섯을 넣고 한 번 볶은 다음 올리브오일 1큰술과 버터를 넣고 다시 한 번 볶고 타임 잎을 넣는다. 소금과 후춧가루로 간을 맞춘다.
3. 2의 팬에서 버섯만 꺼내놓고 같은 팬에 베이컨을 넣어 볶는다. 다진 마늘을 넣고 좀 더 볶다가 화이트와인을 넣는다.
4. 3의 팬에 올리브오일 3큰술을 조금씩 부어가며 고루 섞는다.
5. 접시에 버섯을 보기 좋게 담고 4를 넣어 버무린 뒤 베이컨을 뿌려 마무리한다.

샐러드라고 해서 다 차갑게 먹는 것은 아니랍니다. 버섯처럼 풍미가 좋은 재료는 볶아서 따뜻할 때 먹어도 맛있습니다.

grilled vegetables with pistachio pesto

피스타치오페스토와 구운 채소

단호박 1/4개, 애호박 1/2개, 노랑파프리카 1개, 빨강파프리카 1개, 아스파라거스 2대, 새송이버섯 1개, 느타리버섯 2송이, 가지 1/2개, 당근 1/2개, 라디치오 1/4개, 마늘 5쪽, 방울토마토 5개, 소금·후춧가루 조금씩, 올리브오일 적당량
피스타치오페스토 피스타치오 1컵, 파르메산치즈가루 1큰술, 올리브오일 4큰술

1. 파프리카는 반 갈라 꼭지와 씨를 제거하고 길쭉하고 큼직하게 썬다. 애호박과 가지는 둥근 모양을 살려 어슷하게 썬다. 단호박은 속을 파내고 슬라이스한다. 아스파라거스는 필러를 이용해 껍질을 벗긴다.

   note 채소마다 형체와 성격이 달라요. 채소를 구울 때는 반드시 단단한 것부터 익히도록 하세요. 토마토와 같이 무른 것은 맨 마지막이겠지요?

2. 새송이버섯은 길쭉하게 3등분하고 느타리버섯은 가닥을 적당히 나눈다. 당근은 껍질을 벗기고 먹기 좋은 크기로 썰고 라디치오는 웨지감자처럼 6등분한다.
3. 살짝 달군 그릴 팬에 올리브오일을 바르고 채소를 올려 굽는다.
4. 믹서에 살짝 구운 피스타치오와 파르메산치즈가루를 넣고 올리브오일을 조금씩 부어가며 갈아 피스타치오페스토를 만든다.
5. 접시에 구운 채소를 보기 좋게 담고 페스토를 곁들여 낸다.

토마토양파샐러드와 레몬오일드레싱

토마토 2개, 빨강양파 1/3개, 레몬오일드레싱 p.12 참조 1/2컵, 다진 파슬리 1/2작은술, 차이브 3줄기, 소금·후춧가루 조금씩

1. 토마토는 깨끗이 씻어 꼭지를 떼고 6등분한다. 빨강양파는 얇게 슬라이스한다.

   note 토마토는 겉과 속이 모두 빨갛게 잘 익은 완숙토마토로 준비하세요.

2. 믹싱볼에 토마토와 양파를 넣고 소금과 후춧가루로 간을 맞춘 다음 레몬오일드레싱을 붓는다. 다진 파슬리를 넣고 고루 섞는다.

3. 접시에 2를 담고 슬라이스한 차이브를 올린다.

마늘과 감자가 어우러진 매시드 포테이토에는
새콤하면서 부드러운 사우어소스가 잘 어울립니다!

new mashed potatoes

브로콜리와 마늘 매시드포테이토

브로콜리 5개, 마늘 7개, 감자 2개, 버터 1큰술, 생크림 1컵, 우유 1컵, 파르메산치즈가루 1큰술, 소금·후춧가루 조금씩, 사우어소스 p.11 참조 1컵

1. 마늘에 올리브오일을 살짝 묻혀 175℃의 오븐에서 굽는다.
2. 감자는 껍질을 벗겨 큰 주사위 모양 사방 1.5x1.5cm으로 자르고 브로콜리는 작게 자른다.
3. 끓는 소금물에 감자를 넣고 삶는다. 포크로 감자를 찔러보아 속까지 익었으면 감자를 건져 물기를 제거한 다음 믹싱볼에 넣는다. 감자 삶았던 물에 브로콜리를 넣어 30초 동안만 데친 다음 건져서 물기를 제거하고 감자가 들어 있는 믹싱볼에 넣는다.
4. 작은 냄비에 생크림과 우유, 버터, 1의 마늘을 넣고 약한 불에 올려 버터가 녹을 때까지 끓인다.
5. 4를 3에 조금씩 부어가며 감자와 브로콜리, 마늘을 으깨 고루 섞는다.
6. 매시드포테이토를 볼에 담고 사우어소스를 곁들여 낸다.

Potato gratin

고구마감자그라탱

고구마 4개, 감자 2개, 너트메그 Nutmeg 1/3작은술, 달걀 3개, 생크림 250㎖, 파르메산치즈 가루 3큰술, 소금·후춧가루 조금씩

1   고구마와 감자는 둥근 모양을 살려 얇게 슬라이스한다.

                                            note 고구마와 감자는 최대한 얇게 슬라이스하세요. 마치 종이처럼! 그래야 구웠을 때 층층이 잘 붙어 있어요. 하지만 이렇게 얇게 써는 일이 쉽지는 않지요? 조금 두껍게 슬라이스했다면 사이사이에 감자전분을 발라주면 됩니다.

2   믹싱볼에 달걀을 넣고 잘 저어 노른자와 흰자가 고루 섞이도록 푼 다음 생크림과 파르메산치즈가루 1큰술, 소금, 후춧가루를 넣는다.

3   2에 슬라이스한 고구마와 감자를 넣고 고루 섞는다.

4   오븐용 그릇에 3을 층층이 쌓고 사이사이에 파르메산치즈가루 2큰술을 나누어 뿌린다. 175℃의 오븐에 넣어 표면이 노릇노릇해질 때까지 굽는다.

감자시금치오징어크로켓과 타르타르소스

STEP 1 크로켓 만들기

감자 2개, 오징어 1마리, 시금치 1단, 버터 1큰술, 달걀 2개, 빵가루 4컵, 밀가루 1컵, 레몬 1/2개, 튀김기름 적당량, 소금·후춧가루 조금씩, 에그타르타르소스 다음 페이지 참조 1/2컵

1. 감자는 껍질을 벗기고 소금물에 통째로 삶아서 익힌 뒤 꺼내서 물기를 제거하고 믹싱볼에 넣는다. 같은 냄비에 손질한 시금치를 넣고 30초 동안 살짝 데친 뒤 물기를 제거하고 큼직하게 썰어 믹싱볼에 넣고 감자와 함께 으깬다.
2. 1에 소금, 후춧가루를 넣고 고루 섞어 간을 맞춘다.
3. 오징어는 다리를 떼어 내장을 제거하고 껍질을 벗긴다. 손질한 오징어 몸통은 모양을 살려 1cm 두께로 슬라이스한 다음 오징어 안쪽에 2의 소를 넣는다.
4. 달걀을 풀어 달걀물을 만들고 3에 밀가루옷을 입힌 다음 달걀물을 입힌 뒤 빵가루를 입힌다.
5. 뜨겁게 달군 튀김기름에 4를 넣고 튀겨 크로켓을 만든다. 접시에 보기 좋게 담고 레몬즙을 뿌린 뒤 에그타르타르소스를 곁들여 낸다.

STEP 2 간단한 에그타르타르소스 만들기

달걀 1개, 케이퍼 7알, 아이올리소스 p.10 참조 3큰술, 레몬 1개, 다진 파슬리 1작은술, 소금 조금

1. 달걀을 삶아서 식힌다.
2. 믹싱볼에 아이올리소스를 넣고 케이퍼를 살짝 다져 넣은 다음 삶은 달걀을 넣고 으깨가며 고루 섞는다. 여기에 레몬즙을 짜 넣고 소금과 다진 파슬리를 넣어 간을 맞춘다.

asparagus with poached eggs

아스파라거스구이와 수란

아스파라거스 4대, 완숙토마토 1개, 다진 파슬리 1/2작은술, 달걀 2개, 화이트와인드레싱 p.12 참조 2큰술, 화이트와인식초 1/2큰술, 파르메산치즈가루 1큰술, 다진 파슬리 조금, 소금·후춧가루 조금씩, 올리브오일 적당량

1. 완숙토마토를 뜨거운 물에 데쳐 껍질과 씨를 제거하고 과육만 작은 주사위 모양 사방 1x1cm으로 자른다.

   note 완숙토마토가 없을 때는 방울토마토를 준비하세요! 아스파라거스 대신으로는 그린빈을 이용하면 좋고요.

2. 냄비에 물을 붓고 끓이다가 끓기 시작하면 불을 약한 불로 줄인 다음 화이트와인식초를 넣고 스푼을 이용해 냄비의 물을 시계방향으로 저어 작은 물회오리를 만든다. 회오리의 중앙에 달걀 1개를 깨뜨려 넣어 그대로 두고 익혀 수란을 만든다. 나머지 달걀 1개도 같은 방법으로 만든다. 다음 페이지 참조

3. 아스파라거스는 필러를 이용해 껍질을 벗긴 다음 올리브오일을 살짝 바른 뒤 소금과 후춧가루를 조금 뿌려 간을 하고 그릴 위에 올려 굽는다.

4. 구운 아스파라거스를 접시에 담고 수란을 함께 올린 다음 1의 토마토를 뿌린다. 파르메산치즈가루와 다진 파슬리를 뿌려 마무리한다.

note 수란은 간단히 말해 물에 삶은 달걀이에요. 껍질째 삶는 것이 아니라 껍질을 깨뜨려 넣고 반숙처럼 익히는 것을 말합니다. 껍질을 깨뜨렸는데 어떻게 모양이 유지될까 궁금하시죠? 비결은 식초와 물회오리에 있지요. 물회오리를 이용한 방법이 어렵다면 국자를 사용하면 쉬워요. 국자에 올리브오일을 살짝 바른 다음 달걀을 깨뜨려 넣고 끓는 식촛물에 국자 아랫부분부터 살짝 담가 서서히 익히는 거예요. 국자를 점점 더 담가 달걀의 윗부분까지 익히고 나면 국자를 살살 흔들어 달걀을 떼어내면 돼요.

Toasted Cauliflower Salad

심플 **콜리플라워**샐러드

콜리플라워 10송이, 루콜라 20g, 파르메산치즈가루 1큰술, 레몬오일드레싱 p.12 참조 1/2컵, 소금·후춧가루 조금씩, 올리브오일 적당량

1. 콜리플라워를 작게 자른다. 루콜라는 깨끗이 씻어 물기를 제거한다.

2. 팬에 올리브오일을 살짝 두른 뒤 콜리플라워를 넣고 겉이 노릇하게 될 때까지 볶는다. 소금과 후춧가루를 조금 넣어 간을 맞춘다.

   note 콜리플라워는 느긋하게 충분히 볶아주세요. 고루 익히려면 콜리플라워의 크기를 전부 동일하게 자르는 것이 중요합니다. 크기가 다르면 익는 시간도 다르니까요.

3. 콜리플라워를 접시에 담고 루콜라를 올린 다음 레몬오일드레싱을 뿌린다. 마지막에 파르메산치즈가루를 뿌려 마무리한다.

Eggplant Caviar with Crostini

크로스티니 Crostini는 토스트한 빵을 얇게 슬라이스한 것을 말해요.
여기에 다양한 토핑을 얹어 카나페처럼 먹으면 맛있답니다.

구운 가지소를 곁들인 크로스티니

가지 3개, 마늘 1쪽, 양파 1/6개, 쿠민 1/4작은술, 바게트 1/2개, 올리브오일 4큰술, 소금·후춧가루 조금씩

1 가지를 세로로 길게 잘라 2등분한다.

2 양파는 작은 주사위 모양 사방 1x1cm으로 자르고 마늘은 다진다.

3 2등분한 가지에 올리브오일을 바르고 소금과 후춧가루를 조금 뿌려 간을 맞춘 다음 175℃의 오븐에서 15~20분 동안 굽는다.

   note 오븐 팬에 가지를 올릴 때 가지의 껍질이 위로 가도록 하세요. 자른 단면 쪽 가지 속이 팬에 닿도록 하면 됩니다. 가지의 수분을 최대한 유지시키기 위해서예요.

4 3의 가지가 익으면 믹서에 가지 속과 양파, 마늘, 쿠민을 함께 넣고 올리브오일을 조금씩 부어가며 곱게 간다. 소금으로 간을 맞춘다.

   note 가지 속은 숟가락으로 긁어내면 됩니다.

5 바게트는 살짝 구워 얇게 슬라이스한다. 4의 가지 소는 그릇에 담는다. 접시에 바게트를 올리고 구운 가지소를 곁들여 낸다.

브로콜리토마토샐러드

브로콜리 5개, 방울토마토 5개, 보타아그라 Bottarga 5g, 마늘 1개, 다진 파슬리 1/3작은술, 레몬 1/2개, 올리브오일 4큰술, 소금 조금

1. 브로콜리를 소금물에 살짝 데쳐 물기를 빼면서 식힌다.
2. 방울토마토는 꼭지를 떼고 2등분하고 마늘은 다진다.
3. 보타아그라를 잘게 다져 믹싱볼에 넣는다. 다진 마늘과 파슬리도 함께 넣는다.

note 보타아그라 Bottarga는 염장한 청어알이에요. 잘게 다져 샐러드드레싱에 넣으면 색다른 풍미의 샐러드가 완성됩니다. 이 요리를 촬영할 때 신선한 보타아그라를 공수하느라 몇 시간을 기다렸던 기억이 나네요.

4. 3에 올리브오일을 조금씩 부어가며 고루 섞는다. 부족한 간은 소금으로 맞춘다.
5. 4에 브로콜리와 방울토마토를 넣고 레몬즙을 뿌려 고루 버무린다.

ricotta cheese salad

리코타치즈를 곁들인 그린샐러드

리코타치즈 p.13 참조 150g, 라디치오 1/4개, 엔다이브 2개, 루콜라 20g, 레몬오일드레싱 p.12 참조 1/2컵, 소금·후춧가루 조금씩

1. 라디치오와 엔다이브는 깨끗이 씻어 한 장씩 뗀다. 슬라이스 해도 좋다. 루콜라도 깨끗이 씻어 물기를 제거한다.
2. 접시에 라디치오와 엔다이브, 루콜라를 보기 좋게 담고 리코타치즈를 곁들인다. 레몬오일드레싱을 뿌린 뒤 소금과 후춧가루를 살살 뿌려 간을 맞춘다.

다니엘의 프라이팬 돌리는 솜씨, fantastico~

ricotta cheese balls

BONUS RECIPE

너트 옷을 입힌 **리코타치즈볼**

리코타치즈를 준비한 김에 깜찍한 간식을 만들어봤어요!

리코타치즈 p.13 참조 250g, 호두 · 피칸 · 아몬드 · 헤이즐넛 · 피스타치오 10g씩

1. 너트류는 모두 잘게 다진다.
2. 냉장고에 차갑게 보관했던 리코타치즈를 꺼내 작은 공 크기로 동그랗게 빚는다.
3. 넓은 접시에 1의 다진 너트를 펼쳐놓고 동그랗게 만든 리코타치즈볼을 굴려 너트 옷을 입힌다.

Roasted Carrots

캐러멜 당근칩과 해바라기씨

당근 1개, 해바라기씨 1큰술, 꿀 1큰술, 소금 조금, 올리브오일 적당량

1 당근은 둥근 모양을 살려 얇게 슬라이스한다.

   note 당근은 일정한 두께로 슬라이스하세요. 그래야 구울 때 익는 시간이 모두 일정하답니다.

2 믹싱볼에 당근과 올리브오일을 넣고 소금으로 간을 맞춘 다음 고루 섞는다.

3 오븐팬에 유산지를 깔고 당근을 올린 다음 해바라기씨를 고루 뿌린다. 175℃의 오븐에서 20분 정도 굽는다.

4 당근이 다 익으면 꺼내 볼에 넣고 꿀을 뿌려 마무리한다.

카포나타 Caponata 는 가지를 올리브유에 볶은 것으로 토마토나 양파 등 곁들이 채소를 함께 볶기도 해요. 여기에서는 가지를 기름에 살짝 튀겨 소스에 버무릴게요. 이렇게 요리한 가지를 샐러드에 넣으면 맛 좋고 건강한 이탈리아식 샐러드가 완성됩니다.

가지를 살짝 튀긴 **카포나타**샐러드

가지 2개, 생모차렐라치즈 1개 200g, 토마토소스 p.11 참조 1컵, 레드와인식초 1작은술, 잣 1작은술, 건포도 10알, 생바질 잎 3장, 다진 파슬리 1작은술, 설탕 1작은술, 밀가루 1컵, 튀김기름 적당량, 러스틱브레드 슬라이스한 것 2~3개

1. 믹싱볼에 토마토소스와 레드와인식초, 설탕을 넣고 잘 섞는다.
2. 잣과 건포도를 다져서 파슬리와 함께 1에 넣고 다시 한 번 섞는다.
3. 가지는 작은 막대 모양으로 자른 뒤 밀가루 옷을 입혀 달궈진 튀김기름에 넣고 튀긴다. 튀긴 가지는 키친타월에 올려 기름기를 제거한다.

   note 튀긴 가지는 반드시! 키친타월 위에 올려놓고 기름을 빼주세요. 그렇지 않으면 샐러드에 기름 범벅이 돼 다른 재료의 맛과 질감 모두 해치게 됩니다. 잊지 마세요!

4. 가지를 2에 넣고 버무린 다음 생바질 잎을 슬라이스해 넣고 다시 한 번 고루 섞는다.
5. 러스틱브레드는 슬라이스해 그릴 팬에 살짝 굽는다. 모차렐라 치즈도 슬라이스한 뒤 접시에 가지 카포나타, 구운 빵과 함께 올린다.

그릴에 구운 **애호박랩**

애호박 2개, 가지 1개, 당근 1/2개, 양파 1개, 파프리카 1개, 토마토소스 p.11 참조 1컵, 생모차렐라치즈 1개 200g, 다진 파슬리 1작은술, 소금·후춧가루 조금, 올리브유 적당량

1. 애호박 1개를 세로로 얇게 슬라이스한다. 애호박 전체 길이가 그대로 유지되도록 길게 자른다. 여기에 올리브오일을 바르고 소금과 후춧가루를 살살 뿌려 간을 맞춘 다음 그릴 팬에 굽는다.

   note 애호박 슬라이스가 너무 얇으면 랩을 만들 때 원통 모양을 유지하기 힘들어요. 필러로 얇게 벗겨내지 말고 되도록 칼을 이용해 어느 정도 두께가 있도록 합니다. 또 구울 때 다 익지 않은 것 같더라도 그릴 자국이 나면 팬에서 내려요. 더 두었다가는 탈 수 있어요. 살짝 덜 익은 부분은 오븐에서 또 익게 되니 염려 마세요.

2. 당근과 양파는 껍질을 벗기고 파프리카는 반 갈라 꼭지와 씨를 제거한다. 애호박 1개와 당근, 양파, 가지, 파프리카 모두 작은 주사위 모양 사방 1x1cm으로 자른 뒤 올리브오일을 두른 팬에 볶는다. 소금과 후춧가루를 조금 넣어 간을 맞춘다.

   note 당근을 가장 먼저 넣고 볶아주세요. 익는 시간이 다른 채소들보다 길기 때문에 당근 먼저 볶다가 나머지 채소들을 넣고 볶아야 알맞게 익어요.

우와~ 맛있겠다!

Stuffed Green Squash

아들과 함께하는 동안 점점 동심으로 돌아가는 제 자신을 발견하게 됩니다.
요리도 더 신나게!
다니엘이 좋아하는 디저트를 만들어 아이 앞에서 장난치며 애교도 부려본답니다.
활짝 웃는 모습이 보고 싶어서.

3   채소들이 다 익으면 토마토소스를 넣고 다진 파슬리를 넣어 저어가며 볶는다.

4   1의 구운 애호박을 동그랗게 말아 원통 모양으로 만든 뒤 안쪽에 3의 채소를 넣어 속을 채운다. 생모차렐라치즈를 위에 올린다.

5   애호박랩을 모두 만들었으면 175℃의 오븐에서 치즈가 녹을 때까지 굽는다.

사과코울슬로와 아이올리소스

사과 1개, 당근 1/2개, 양배추 1/4개, 차이브 3줄기, 아이올리소스 3큰술, 레몬 1/2개, 꿀 1큰술

1. 사과와 당근은 껍질을 벗기고 길게 채 썬다. 양배추는 겉의 지저분한 잎은 떼고 길게 채 썬다.
2. 믹싱볼에 아이올리소스와 꿀을 넣고 레몬을 천천히 짜 넣으며 풀어준다.

   note 숟가락으로 떴을 때 마요네즈가 살짝 흘러 내릴 정도가 알맞아요.

3. 2에 채 썬 사과, 당근, 양배추를 넣고 고루 섞어 접시에 담고 아이올리소스를 곁들인다. 기호에 따라 차이브를 얇게 슬라이스해 올려도 좋다.

BONUS RECIPE

홈메이드 아이올리소스 만들기

아이올리소스는 우리가 흔히 말하는 '마요네즈'라고 보면 됩니다.
집에서 간단하게 만드는 법을 소개할게요.

달걀노른자 1개 분량, 디종머스터드 1작은술, 레몬즙 3큰술, 다진 마늘 1작은술, 올리브오일 5큰술

1. 믹싱볼에 달걀노른자, 디종머스터드, 다진 마늘을 넣고 올리브오일을 조금씩 부어가며 고루 섞는다.
2. 소스가 마요네즈처럼 되면 레몬즙을 짜 넣어가며 다시 한 번 고루 섞는다.

셰프 아빠의 손맛 이탈리아 요리
숨겨두었던 레시피를 꺼내 만든
파스타 & 리소토

Bolognese

심플 **볼로네제** 탈리아텔레

파스타 탈리아텔레 Tagliatelle 100g, 다진 쇠고기 700g, 다진 돼지고기 300g, 양파 2개, 당근 1개, 셀러리 2줄기, 치킨스톡 p.27 참조 1ℓ, 토마토소스 p.11 참조 2컵, 레드와인 3큰술, 다진 파슬리 1큰술, 월계수잎 1장, 파르메산치즈 적당량, 소금·후춧가루 조금씩, 올리브오일 적당량

1 양파와 당근은 껍질을 벗기고 굵게 다진다. 셀러리는 필러를 이용해 질긴 섬유질을 제거하고 굵게 다진다.

2 프라이팬에 올리브오일을 살짝 두르고 다진 쇠고기와 돼지고기를 넣고 볶는다. 소금과 후춧가루로 간을 맞추며 익힌다.

note 볼로네제소스를 만들 때 가장 중요한 것은 쇠고기와 돼지고기의 비율이에요! 쇠고기가 너무 많이 들어가면 식감이 퍽퍽해지고, 돼지고기의 비율이 높아지면 기름이 너무 많이 돌아요. 수차례 만들어보다가 제가 찾은 비율은 7:3이에요!

3 익힌 고기를 덜어내고 2의 팬에 1의 채소들을 넣고 볶으면서 소금으로 간을 맞춘다.

4 채소들이 익으면 레드와인을 넣고 다진 파슬리를 넣어 다시 한 번 볶은 다음 3에서 덜어놓았던 고기를 다시 넣는다.

5 치킨스톡과 월계수잎을 넣어 중간 불에서 끓이다가 토마토소스를 넣고 중간 불에서 다시 한 번 끓여 볼로네제소스를 완성한다.

6 탈리아텔레를 끓는 소금물에 넣고 3분 정도 익힌 다음 볼로네제소스에 넣고 볶는다. 파르메산치즈를 고루 뿌려 마무리한다.

BONUS RECIPE

볼로네제소스로 만든 **감자그라탱**

같은 소스를 이용해 오븐 요리 한 가지를 더 만들어보세요.

감자 2개, 생크림 1/2컵, 파르메산치즈가루 1큰술, 볼로네제소스 앞 페이지 참조

1. 감자는 껍질을 벗기고 큰 주사위 모양 사방 1.5x1.5cm 으로 자른 뒤 끓는 소금물에 삶아 완전히 익힌다. 삶은 감자는 체에 올려 물기를 빼놓는다.

2. 믹싱볼에 감자를 넣고 으깨면서 생크림과 파르메산치즈가루를 넣어 고루 섞는다.

   note 이때 감자에 소금 간을 하지 마세요. 볼로네즈소스만으로도 간은 충분합니다. 감자의 담백함과 볼로네즈소스의 조합은 정말 환상이랍니다!

3. 그라탱용기에 담고 볼로네제소스를 올린 다음 175℃ 오븐에서 표면이 노릇해질 때까지 굽는다.

Garganelli

가지모차렐라치즈가르가넬리

파스타 가르가넬리 Garganelli 80g, 가지 1/2개, 마늘 1개, 방울토마토 5개, 다진 파슬리 1작은술, 생모차렐라치즈 1개 200g, 소금 조금, 파스타 삶은 물 2큰술, 올리브오일 적당량

1. 가지의 껍질을 벗기고 큼직한 주사위 모양으로 자른다. 방울토마토는 꼭지를 떼고 2등분한다. 물에 소금을 넣고 끓이다 물이 끓으면 가르넬리 면을 넣어 3분간 익힌다.

2. 팬에 올리브오일을 두른 뒤 가지를 넣어 볶는다.

   note 가지는 기름을 많이 흡수하기 때문에 가지를 볶을 때는 올리브오일을 충분히 두르고 볶도록 하세요. 기름이 적으면 가지가 다 익기 전에 팬에 기름이 바싹 마를 거예요.

3. 가지가 익기 시작하면 다신 마늘을 넣고 볶나가 방울토마토를 넣고 소금 간을 한다. 여기에 파스타 삶은 물 2큰술을 넣고 다진 파슬리를 넣는다.

4. 3에 살짝 익힌 가르넬리를 넣고 함께 볶다가 마지막에 생모차렐라치즈를 작게 부셔 넣고 골고루 섞는다.

   note 파스타 면을 먼저 3분 정도 살짝 익힌 다음 소스에 넣고 볶아요. 완전히 삶은 면을 넣고 다시 볶으면 면이 너무 익어 맛이 없어요.

엔초비브로콜리오레끼에떼

Anchovy Broccoli Orecchiette

엔초비브로콜리 오레끼에떼

파스타 오레끼에떼 Orecchiette 80g, 엔초비 2마리, 브로콜리 5송이, 블랙올리브 3개, 마늘 1쪽, 페페론치노 1/4작은술, 완숙토마토 1개, 다진 파슬리 1작은술, 파르메산치즈가루 1큰술, 파스타 삶은 물 3큰술, 올리브오일 적당량

1. 완숙토마토는 뜨거운 물에 살짝 데쳐 껍질을 벗기고 꼭지와 씨를 제거한 뒤 작은 주사위 모양 사방 1x1cm으로 자른다. 블랙올리브는 슬라이스한다.
2. 팬에 올리브오일을 두르고 엔초비, 슬라이스한 올리브, 다진 마늘, 페페론치노를 넣어 살짝 볶듯이 익힌다.
3. 오레끼에떼는 끓는 소금물에 10분 정도 삶는다.
4. 오레끼에떼 삶은 물 3큰술을 2에 넣어 섞는다.
5. 브로콜리는 송이를 작게 잘라 끓는 물에 살짝 데쳐낸다.

note 저는 브로콜리로 요리할 때 밑동까지 사용해요. 살짝 데쳐 볶은 브로콜리 밑동이 얼마나 맛있는지 몰라요. 하지만 어린 아이가 먹을 때는 질길 수 있으니 밑동을 잘라내세요. 브로콜리 대신 콜리플라워를 넣어도 맛있습니다.

6. 4에 파스타와 브로콜리, 1의 토마토를 넣고 고루 섞은 다음 파르메산치즈가루를 살짝 뿌려 마무리한다.

싱싱한 무청이 있다면 이렇게 볶아 파스타에 넣어도 맛있어요!

수프와 파스타로 저녁 식사를 준비한다면 구운 빵과 홈메이드 잼을 곁들이세요.
저희 집에서는 오렌지잼 p.15 참조이 인기랍니다.
이렇게 차린 식탁에 가족끼리 둘러앉아 도란도란 이야기를 나누며 하루를 마무리한다면
이보다 더 큰 행복이 있을까요?

Cannelloni

카넬로니 Cannelloni는 파스타 속을 시금치와 생선, 고기 등으로 채운 뒤
치즈를 올려 오븐에 구워내는 요리랍니다.
만두피처럼 넓적한 파스타면을 사용해도 되고 원통형으로 생긴 카넬로니 면으로 만들어도 좋아요.

감자시금치카넬로니

파스타 가로 30cm x 세로 20cm, 감자 2개, 시금치 1묶음, 리코타치즈 p.13 참조 3큰술, 토마토소스 p.11 참조 1컵, 생모차렐라치즈 1개 200g, 파르메산치즈 2큰술, 다진 파슬리 1작은술, 소금 조금

1. 감자는 껍질째 쿠킹포일로 싸서 오븐 팬에 올리고 175℃로 예열한 오븐에서 30~50분간 굽는다. 크기에 따라 다르니 포크로 찔러본다.

    note 시간을 절약하고 좀 더 쉽게 만들려면 감자를 오븐에 굽는 과정 대신 삶아서 넣으면 됩니다. 감자 껍질을 벗기고 큼직한 사이즈로 자른 뒤 끓는 소금물에 삶아 완전히 익히세요. 그래도 저는 오븐에 굽는 방법을 추천하고 싶어요. 맛이 훨씬 담백하거든요.

2. 물에 소금을 넣고 끓이다 물이 끓으면 파스타 면을 넣어 3분간 익힌 다음 종이타월 위에 올려 물기를 제거한다.

3. 시금치를 손질해 뜨거운 물에 살짝 데친 다음 물기를 완전히 제거하고 큼직하게 썰어 놓는다.

    note 시금치를 체에 놓고 한 번 끓인 뜨거운 물을 붓기만 해도 살짝 데치는 효과가 나요. 끓는 물에 오래 데치지 않도록 하세요.

4. 믹싱볼에 껍질을 벗긴 1의 감자와 3의 시금치, 파르메산치즈 1큰술, 리코타치즈를 넣고 소금 간을 해 고루 섞는다.

5. 파스타 면 위에 4를 올려 돌돌 말아 카넬로니를 만든 다음 3cm 길이로 자른다.

    note 비닐 랩 위에 소를 올리고 돌돌 말아 짤주머니처럼 만들어 쭉~ 짜면 편해요!

6   오븐용 그릇에 토마토소스를 고루 바르고 파르메산치즈 1큰 술을 뿌린다. 5의 카넬로니를 올린 다음 다시 한 번 파르메산 치즈를 뿌린다.

7   생모차렐라치즈를 길쭉하게 잘라 6의 카넬로니 위에 얹는다.

8   175℃로 예열한 오븐에 넣어 치즈가 녹아 노릇노릇해질 때까 지 굽는다.

9   마지막으로 다진 파슬리를 고루 뿌려 완성한다.

Veges-Lovers

구운 채소를 올린 **토마토소스펜네**

파스타 펜네 Penne 80g, 아스파라거스 2대, 애호박 1/2개, 파프리카 1/2개, 마늘 1개, 방울토마토 5개, 토마토소스 p.11 참조 2컵, 다진 파슬리 1작은술, 파르메산치즈가루 1큰술, 올리브오일 적당량, 소금·후춧가루 조금씩

1 애호박은 꼭지를 자르고, 파프리카는 꼭지를 자르고 반 갈라 씨를 제거한다. 아스파라거스와 애호박, 파프리카는 길게 썰어 소금과 후춧가루로 간을 한 다음 그릴 위에 올려 굽는다.

2 방울토마토는 꼭지를 떼고 2등분한다.

3 팬에 올리브오일을 두른 뒤 다진 마늘을 넣어 살짝 볶는다. 방울토마토와 다진 파슬리를 넣고 한 번 더 익혀 소금으로 간을 한다.

4 3에 토마토소스를 넣고 살짝 조린다.

5 물에 소금을 넣고 끓이다 물이 끓으면 펜네를 넣어 10분간 삶는다.

6 4의 소스에 삶은 면과 1의 구운 채소를 넣어 고루 섞은 다음 파르메산치즈가루를 뿌린다.

다니엘은 특히 토마토파스타를 좋아해요. 채소를 잘 먹지 않으려고 할 때 이렇게 구워서 파스타와 함께 내면 아주 잘 먹는답니다.

저는 이 파스타를 만들어 먹을 때마다 마지막에 완두콩과 라디치오Radicchio를 즐겨 넣어요. 입맛에 따라 다르겠지만 이렇게 먹으면 신선한 재료를 다양하게 곁들일 수 있어 맛있더라고요!

Rigatoni with Tuna

참치토마토리가토니

파스타 리가토니 Rigatoni 80g, 통조림참치 1캔, 양파 1/2개, 방울토마토 10개, 완두콩 10알, 다진 생파슬리 1/2작은술, 페페론치노 1/3작은술, 화이트와인 2큰술, 토마토소스 p.11 참조 1컵, 파스타 삶은 물 3큰술, 소금 조금, 올리브오일 적당량

1 통조림참치를 체에 쏟아 놓고 기름을 뺀다.

2 양파는 껍질 벗겨 슬라이스하고 방울토마토는 깨끗이 씻어 꼭지를 떼고 2등분한다.

3 리가토니는 끓는 소금물에 넣어 13분 정도 삶는다. 완두콩도 삶아 익혀놓는다.

4 팬에 올리브오일을 두르고 양파를 볶다가 양파가 투명해지기 시작하면 페페론치노를 넣는다.

5 기름 뺀 참치를 4에 넣고 볶다가 소금을 조금 넣어 간을 맞춘다.

note 참치의 양이 너무 많아지면 소스가 퍽퍽해지니 1캔 이상은 넣지 않도록 하세요.

6 양파와 참치가 고루 섞이면 화이트와인을 넣고 방울토마토와 다진 파슬리를 넣어 다시 한 번 볶는다.

7 리가토니 삶은 물 3큰술을 6에 넣고 살짝 조린 다음 토마토소스를 넣고, 리가토니와 완두콩을 넣어 살짝 볶아 마무리한다.

새우조개브로콜리 스파게티

파스타 스파게티 Spaghetti 100g, 새우 중하 5마리, 모시조개 5마리, 오징어 1/3마리, 브로콜리 2송이, 방울토마토 5개, 건포도 6알, 생바질 잎 3장, 다진 마늘 1작은술, 다진 파슬리 1/2작은술, 페페론치노 1/3작은술, 화이트와인 2큰술, 파스타 삶은 물 3큰술, 소금 조금, 올리브오일 3큰술

1. 새우는 등쪽의 내장과 머리를 제거하고 껍질을 벗긴 다음 큰 주사위 모양 사방 1.5x1.5cm으로 자른다. 오징어는 둥근 모양을 살려 잘라서 믹서에 넣고 곱게 간다. 조개는 해감을 뺀다.

2. 브로콜리는 살짝 데쳐 작은 주사위 모양 사방 1x1cm으로 자른다. 건포도는 미지근한 물에 불려놓고 방울토마토는 깨끗이 씻어 꼭지를 떼고 2등분한다.

3. 스파게티는 끓는 소금물에 넣어 9분 동안 삶는다.

4. 팬에 올리브오일을 두르고 다진 마늘을 넣어 볶다가 페페론치노와 새우, 조개, 오징어를 넣고 볶는다.

5. 새우와 조개, 오징어가 익으면 화이트와인을 넣고 방울토마토와 다진 파슬리를 넣어 다시 한 번 볶는다.

note 새우 좋아하시는 분들 많지요? 그렇다고 잔뜩 넣지는 마세요. 새우에서 단맛이 너무 많이 우러나 담백한 파스타 맛을 떨어뜨릴 수 있어요.

6. 파스타 삶은 물 3큰술을 5에 넣어 살짝 조린다.

7. 스파게티를 6에 넣고 불린 건포도와 슬라이스한 생바질 잎을 넣어 고루 섞는다.

Shrimp clam broccoli

올리브오일을 베이스로 한 파스타의 특징은 담백함이라고 할 수 있어요. 특히 여기에 새우와 조개, 오징어, 건포도가 어우러지면 그야 말로 환상의 궁합이지요. 우리 꼬마도 "판타스티코~"하며 좋아한답니다.

Spaghetti with Chicken

닭가슴살채소스파게티

파스타 스파게티 Spaghetti 100g, 닭가슴살 1조각, 양파 1개, 셀러리 1대, 당근 1/2개, 마늘3쪽, 다진 파슬리 1작은술, 레몬 1/2개, 화이트와인 3큰술, 고수 10줄기, 페페론치노 1/3작은술, 치킨스톡 p.27 참조 250㎖, 소금·후춧가루 조금씩, 올리브오일 3큰술

1 닭가슴살은 힘줄과 겉면의 하얀 막을 제거하고 작은 주사위 모양 사방 1x1cm으로 자른다.

2 양파와 당근은 껍질을 벗기고 굵게 다진다. 셀러리도 질긴 섬유질을 제거하고 굵게 다진다. 마늘은 손이나 칼등으로 눌러 으깬다. 고수는 잎을 잘게 찢어놓는다.

3 스파게티는 끓는 소금물에 넣고 9분 동안 삶는다.

4 팬에 올리브오일을 두르고 닭가슴살을 볶다가 페페론치노를 넣고 소금과 후춧가루로 간을 맞춘다.

5 닭가슴살이 다 익으면 화이트와인을 넣고 마늘과 양파, 당근, 셀러리를 넣어 볶는다.

note 이 요리에서는 와인을 넉넉히 넣고 와인이 모두 날아가기 전에 요리를 마무리하세요. 와인의 산도가 살아 있게 해야 맛있답니다.

6 5에 치킨스톡과 다진 파슬리를 넣어 살짝 조린다.

7 6에 삶은 스파게티를 넣고 볶는다. 레몬즙과 고수 잎을 고루 뿌려 마무리한다.

이 요리는 제가 즐겨 먹는 요리 중 하나예요.
정통 이탈리아식 파스타와는 다른,
색다른 파스타를 먹고 싶을 때 주로 만든답니다.
마치 태국 스타일 면 요리 같아요.

Spaghetti with Halibut, Fennel

광어페넬올리브스파게티

파스타 스파게티Spaghetti 100g, 광어 살만 바른 것 200g, 케이퍼 베리Caper Berry 2개, 방울토마토 5개, 다진 파슬리 1작은술, 화이트와인 2큰술, 블랙올리브 2개, 다진 마늘 1쪽 분량, 페페론치노 1/3작은술, 페넬Fennel 1/4개, 파스타 삶은 물 3큰술, 소금 조금, 올리브오일 3큰술

1. 손질한 광어 살은 큰 주사위 모양 사방 1.5x1.5cm으로 자른다. 방울토마토는 깨끗이 씻어 꼭지를 떼고 2등분한다. 블랙올리브와 페넬은 슬라이스한다.

   note 페넬Fennel은 양파처럼 둥글고 큼직한 씨앗 부분에 녹색 줄기와 잎이 달린 식용 식물이에요. 냄새를 잡는 데 탁월한 효과가 있어 특히 해산물 요리와 궁합이 맞아요. 이탈리아에서는 Finocchio라고 부릅니다.

2. 스파게티는 끓는 소금물에 넣고 9분 동안 삶는다.

3. 팬에 올리브오일을 두르고 다진 마늘과 페페론치노, 케이퍼 베리, 블랙올리브를 넣어 볶다가 광어 살을 넣고 볶는다.

4. 3에 화이트와인을 넣고 방울토마토와 다진 파슬리를 넣어 다시 한 번 볶는다.

5. 4에 파스타 삶은 물 3큰술을 넣고 슬라이스한 페넬을 넣어 고루 섞는다.

6. 5에 스파게티를 넣고 고루 섞어가며 볶아 마무리한다.

note 케이퍼 베리와 블랙올리브는 그 자체만으로도 짠 맛이 강해요. 이 재료가 들어간 요리를 할 때는 간을 맞출 때 주의하도록 하세요.

Bottarga

보타아그라를 곁들인 스파게티

파스타 스파게티 Spaghetti 100g, 마늘 1개, 보타아그라 Bottarga(알을 잘게 부순 것) 3큰술, 차이브 슬라이스한 것 1작은술, 올리브오일 적당량

1. 보타아그라는 도마 위에 유산지나 키친타월을 깔고 그 위에 올려 곱게 다진다.
2. 스파게티를 끓는 소금물에 넣고 9분 정도 삶는다.
3. 팬에 올리브오일을 두르고 다진 마늘을 넣어 살짝 익힌다.
4. 삶은 스파게티를 3에 넣어 볶는다.
5. 다진 보타아그라를 4에 뿌린다. 이때 몇 번에 걸쳐 조금씩 뿌려가며 섞는다.

   note 마늘이 익으면 곧바로 스파게티를 넣고 그 다음 보타아그라를 넣어 재빨리 요리를 마무리해야 재료의 맛을 살릴 수 있어요. 꼭 기억하세요!

6. 차이브를 송송 썰어 스파게티 위에 뿌려 마무리한다.

보타아그라는 염장한 청어알이에요.

나의 다니엘!
아빠가 만든 파스타를 좋아해줘서 고마워.
우리 지금처럼 앞으로도 영원히 좋은 친구로 지내자.

_Your friend, Sam

프로슈토 Prosciutto는 고기를 깨끗이 씻어 소금에 오래 절여 만든 햄이에요. 이탈리아 사람들이 즐겨 먹지요. 파스타나 리소토 등에 넣어도 되고 와인 안주로 먹기도 합니다.

Tagliatelle with Mushrooms

버섯프로슈토크림소스탈리아텔레

파스타 탈리아텔레Tagliatelle 100g, 양송이버섯 5개, 표고버섯 5개, 느타리버섯 5개, 프로슈토 Prosciutto 3장, 마늘 1개, 버터 1큰술, 생크림 1큰술, 다진 파슬리 1/2작은술, 화이트와인 2큰술, 타임 1줄기, 파스타 삶은 물 2큰술, 소금 조금, 올리브오일 적당량

1 양송이버섯과 표고버섯은 4등분하고 느타리버섯은 먹기 좋게 찢는다. 애느타리버섯일 경우 1줄기씩 떼어놓는다.

2 탈리아텔레를 끓는 소금물에 넣고 3분 동안 삶는다.

3 팬에 올리브오일을 두르고 버섯과 프로슈토를 넣어 볶는다. 부족한 간은 소금으로 맞춘다.

note 프로슈토는 너무 오래 볶지 않도록 하세요. 자칫 프라이팬에 눌러 붙어 타버릴 수 있어요.

4 3에 버터와 타임, 다진 마늘을 넣어 다시 한 번 볶는다.

5 화이트와인을 넣고 다진 파슬리를 넣는다.

6 여기에 파스타 삶은 물 2큰술을 넣고 생크림을 넣는다. 탈리아텔레를 넣어 고루 섞어가며 볶아 마무리한다.

Kabocha Ravioli

단호박 라비올리

라비올리 Ravioli 30x20cm 1장, 단호박 1/2개, 완숙토마토 1개, 호두 5알, 파르메산치즈가루 1큰술, 버터 1큰술, 달걀 1개, 케이엔파우더 Cayenne Pepper 1/4작은술, 세이지 잎 3장, 생파슬리 잎 10장, 소금 조금

1. 단호박은 씨를 긁어낸 뒤 껍질째 쿠킹포일로 감싼다. 단호박을 자른 단면 쪽이 아래로 향하도록 하여 오븐 팬에 올리고 175℃의 오븐에서 20~30분 동안 구워 완전히 익힌다.
2. 완숙토마토는 뜨거운 물에 살짝 데쳐 껍질을 벗기고 꼭지와 씨를 제거한 다음 작은 주사위 모양 사방 1x1cm으로 자른다.
3. 파슬리 잎은 뜨겁게 달군 기름에 넣어 바삭하게 튀긴다.
4. 구운 단호박은 살만 잘라내 믹싱볼에 넣는다. 여기에 다진 호두와 케이엔파우더, 파르메산치즈가루를 넣고 으깨며 섞는다.
5. 도마 위에 라비올리 면을 펴놓고 동그란 모양의 커터로 찍어 만두피를 만든다.
6. 동그랗게 자른 라비올리 면 1장을 펴놓고 가운데에 4의 소를 1큰술 정도 올린다. 면의 가장자리를 따라 달걀물을 바른 뒤 다른 1장을 올려 덮는다. 공기가 들어가지 않도록 꼼꼼히 누른 다음 냉동실에 넣어 30분 정도 둔다.
7. 라비올리를 꺼내 끓는 소금물에 넣고 삶는다.

note 라비올리가 물 위로 떠오르면 건져내세요.

라비올리 Ravioli는 이탈리아 만두예요. 달걀과 올리브오일을 넣은 밀가루 반죽을 얇게 밀어 만든 만두피 사이에 속을 넣고 익혀서 소스와 함께 먹는 요리이지요. 정사각형이나 원형, 또는 반달 모양 등으로 만들어요.

8 프라이팬에 버터와 세이지를 넣고 약한 불에서 버터를 녹인다. 이때 프라이팬을 천천히 돌려가며 요리한다.

9 8에 라비올리와 토마토를 넣고 다시 한 번 고루 섞는다. 라비올리를 접시에 담고 튀긴 파슬리를 올린다.

fish & tomato risotto

흰살생선 토마토소스 리소토

흰살생선 손질해 살만 바른 것 200g, 마늘 1쪽, 화이트와인 2큰술, 다진 파슬리 1작은술, 반조리된 리소토용 쌀 80g, 토마토소스 1큰술, 채소스톡 p.26 참조 500㎖, 페페론치노 1/3작은술, 딜 5줄기, 버터 1큰술, 파르메산치즈가루 1큰술, 소금 조금, 올리브오일 적당량

1 흰살생선은 큰 주사위 모양 사방 1.5x1.5cm 으로 자른다.
2 팬에 올리브오일을 두르고 다진 마늘과 페페론치노를 넣어 살짝 볶는다.
3 2에 생선을 넣고 볶다가 반조리된 리소토용 쌀을 넣고 소금으로 간을 맞춘 뒤 다시 한 번 고루 섞어가며 볶는다.

    note 리소토는 원래 생쌀로 만드는데, 좀 더 간편하게 요리할 수 있도록 반조리된 리소토용 쌀이 나와 있어요. 생쌀로 만들려면 버터에 쌀을 볶는 과정이 필요해요.

4 화이트와인을 넣고 다진 파슬리를 넣은 다음 채소스톡을 조금씩 나누어 넣어가며 쌀이 익을 때까지 끓인다.
5 버터와 파르메산치즈가루를 넣고 고루 섞은 다음 마지막으로 토마토소스를 넣는다. 고루 섞고 딜을 뿌려 마무리한다.

냉장고 속 채소로 만든 심플 리소토

애호박 1/6개, 파프리카 1/6개, 아스파라거스 1대, 양파 1/6개, 마늘 1쪽, 반조리 리소토용 쌀 80g, 파르메산치즈가루 1큰술, 다진 파슬리 1작은술, 화이트와인 1큰술, 버터 1큰술, 채소스톡 p.26 참조 500㎖, 소금 조금, 올리브오일 적당량

1 애호박은 깨끗하게 씻어 껍질째 작은 주사위 모양 사방 1x1cm 으로 자르고 파프리카는 반 갈라 꼭지와 씨를 제거하고 작은 주사위 모양 사방 1x1cm 으로 자른다.

2 양파는 껍질을 벗기고 작은 주사위 모양 사방 1x1cm 으로 자르고 아스파라거스는 얇게 어슷 썬다.

3 팬에 올리브오일을 두르고 다진 마늘과 채소들을 넣어 볶으면서 소금으로 간을 맞춘다.

4 3에 반조리한 리소토용 쌀을 넣고 볶다가 화이트와인을 넣고 다진 파슬리를 넣는다.

5 채소스톡을 조금씩 나누어 넣어가며 쌀이 익을 때까지 끓인다.

6 버터와 파르메산치즈가루를 넣고 고루 섞어 마무리한다.

집에 있는 웬만한 채소는 모두 리소토의 재료가 될 수 있어요. 남은 채소를 활용하기에도 좋고, 편식하는 아이를 위해서는 아이가 잘 먹지 않는 재료를 잘게 다져 넣고 만들어보세요.

Arancini

BONUS RECIPE

채소리소토로 속을 채운 아란치니 밤

채소리소토를 응용한 요리예요. 채소리소토를 만든 날 아란치니 밤까지 만들어 근사한 이탈리안 식탁을 차려보세요!

채소리소토 p.149 참조 1인분, 생모차렐라치즈 1개 200g, 달걀 2개, 밀가루 1컵, 빵가루 2컵, 튀김기름 적당량, 아라비아따소스 Arrabiata 적당량

1 p.149의 레시피를 따라 채소리소토를 준비한다.

2 완성된 채소리소토 1/2인분을 식힌 뒤 공 모양으로 둥글게 빚는다. 나머지 리소토도 똑같이 만들어 두 덩어리가 되게 한다.

3 2의 가운데에 각각 모차렐라치즈를 넣는다.

4 달걀을 풀어 달걀물을 만든 다음 밀가루옷을 입히고 다시 달걀물을 입힌 뒤 빵가루옷을 입힌다.

5 뜨겁게 달군 튀김기름에 넣고 튀겨 아란치니 밤을 만든다.

아라비아따소스 Arrabiata

마늘 2개, 생바질 잎 3장, 다진 파슬리 1작은술, 페페론치노 1/3작은술, 토마토소스 p.11 참조 2컵, 올리브오일 적당량

1 마늘은 다지고 생바질 잎은 잘게 자른다.

2 팬에 올리브오일을 두르고 다진 마늘을 넣어 볶다가 페페론치노와 다진 파슬리를 넣고 함께 볶는다.

3 2의 팬에 토마토소스를 넣고 1분 동안 졸이다가 생바질 잎을 넣는다.

초리조햄 Chorizo은 향신료로 맛을 내고 건조 또는
훈연시켜 만든 햄이에요. 쫄깃하고 독특한 풍미가 있지요.

Chorizo risotto

초리조완두콩리소토

초리조햄 Chorizo 50g, 완두콩 10알, 양파 1/4개, 반조리된 리소토용 쌀 80g, 화이트와인 2큰술, 채소스톡 p.26 참조 500㎖, 다진 파슬리 1작은술, 파르메산치즈가루 1큰술, 버터 1큰술, 올리브오일 적당량

1. 초리조햄은 작은 주사위 모양 사방 1x1cm으로 자르고 양파도 껍질을 벗기고 같은 크기로 자른다. 완두콩은 뜨거운 물에 데친다.
2. 팬에 올리브오일을 두고 양파를 살짝 볶다가 초리조햄을 넣고 다시 한 번 볶는다.
3. 반조리된 리소토용 쌀을 2에 넣고 다시 한 번 볶은 뒤 화이트와인을 넣는다.
4. 다진 파슬리를 넣고 채소스톡을 조금씩 나누어 넣어가며 쌀이 익을 때까지 끓인다.
5. 쌀이 다 익으면 버터와 파르메산치즈가루를 넣고 고루 섞은 다음 완두콩을 넣고 다시 한 번 섞어 마무리한다.

어머니를 보며 요리사를 꿈꾸던 평범한 소년은
이제 한 이탈리안 레스토랑을 책임지는 셰프가 되었습니다.
싱싱한 식재료를 보면 두근두근 가슴 설레고
맛있는 요리를 만들면 많은 사람들과 나누고 싶습니다.
훗날 농장에서 채소와 허브를 키우며 사는 모습을 상상하며
나는 오늘도 나의 주방으로 출근합니다.

MEAT

가족을 위한 만찬
샘 킴표 가정식 고기 & 생선 요리

Roasted chicken

아빠가 만들어준 요리가 최고~!

마늘과 함께 구운 로스티드치킨

닭 2마리, 레몬 1개, 양파 4개, 당근 2개, 셀러리 4대, 감자 4개, 통마늘 2개, 타임 2줄기, 로즈마리 10줄기, 마늘 6쪽, 소금·후춧가루 조금씩, 올리브오일 적당량

1   닭은 손질된 것으로 구입해 깨끗이 씻고 물기를 제거한다.

2   양파와 감자는 껍질을 벗기고 큼직하게 자른다. 셀러리도 같은 크기로 자른다. 레몬과 통마늘은 껍질째 2등분한다.

3   닭 안쪽에 각각 타임 1줄기와 로즈마리 2줄기, 마늘 3쪽을 넣는다. 레몬 반쪽으로 닭의 입구를 막고 다리는 실로 감아 묶는다.

note 건포도, 무화과, 오렌지, 고구마 등을 넣고 굽기도 해요. 치킨과 함께 먹으면 좋을 만한 재료를 골라보세요.

4   닭에 소금과 후춧가루를 뿌려 밑간하고 올리브오일을 두른 팬에 올려 겉만 살짝 익히고 꺼낸다.

5   4의 팬에 채소들을 넣고 볶다가 소금과 후춧가루로 간을 맞춘다.

6   깊이가 있는 오븐팬에 볶은 채소들을 깔고 겉만 익힌 닭을 올린다. 로즈마리를 뿌리고 175℃의 오븐에서 30분 정도 익힌다.

note 닭을 구울 때 가장 필요한 건 인내랍니다! 자주 열어보고 찔러보면 육즙이 빠지고 오븐의 열이 떨어져 맛이 없어지니 오븐을 믿고 기다려주세요.

돼지고기를 마리네이드 해두고 나머지 재료를 준비해 다시 오븐에서 한 시간 가까이 구워야 하니, 이 요리는 좀 오래 걸리는 요리예요. 손님을 초대한 날 이 요리를 낼 거라면 조리 시간을 계산해서 미리 준비하세요. 맛있는 냄새를 풍기며 손님을 너무 오래 기다리게 하면 실례니까요!

구운 사과를 곁들인 **돼지목살구이**

돼지목살 1kg, 로즈마리 10줄기, 마늘 10쪽, 양파 3개, 당근 1개, 셀러리 2대, 사과 2개, 치킨스톡 p.27 참조 200㎖, 토마토소스 p.11 참조 1/2컵, 화이트와인 2큰술, 다진 파슬리 1작은술, 소금·후춧가루 조금씩, 올리브오일 적당량

1 손질한 돼지목살에 칼집을 넣고 안쪽으로 마늘과 로즈마리를 집어넣는다.

2 양파와 당근, 사과는 껍질을 벗기고 큼직하게 자른다. 셀러리도 큼직하게 자른다.

note 사과 대신 자두나 천도복숭아를 넣어도 맛있어요.

3 올리브오일을 두른 팬에 돼지목살을 올리고 소금과 후춧가루로 간을 맞춰 겉만 살짝 익히고 꺼낸다.

4 3의 팬에 2를 넣고 소금과 후춧가루로 간을 맞추며 볶은 다음 채소와 사과가 익기 시작하면 화이트와인을 붓고 토마토소스와 다진 파슬리를 넣어 섞는다.

5 치킨스톡을 붓고 끓여 살짝 조린다.

6 깊이가 있는 오븐팬에 5를 깔고 살짝 구운 돼지목살을 올려 175℃의 오븐에서 1시간~1시간 30분 정도 익힌다.

1

Crispy Sea-bass with Barley Salad

감자로 감싼 농어구이와 보리샐러드

STEP 1 보리샐러드 만들기

보리 1컵, 감자 1/2개, 애호박 1/2개, 다진 파슬리 1작은술, 레몬 1/2개, 줄기콩 3개, 소금 조금, 올리브오일 적당량

1. 보리는 소금물에 삶아 완전히 익힌다.
2. 감자는 껍질을 벗기고 굵게 다진다. 애호박도 같은 크기로 자르고 줄기콩은 2등분한다.
3. 끓는 소금물에 2를 넣고 익힌 다음 보리와 함께 믹싱볼에 넣고 레몬즙과 올리브오일을 넣고 섞는다. 소금을 조금 넣어 간을 맞춘다.

내가 가장 행복한 순간.

STEP 2 감자로 감싼 농어구이 만들기

감자 1개, 농어 살만 발라 손질한 것 150g, 소금·후춧가루 조금씩, 올리브오일 적당량

1 실처럼 가늘게 채 써는 기구를 이용해 감자를 실 모양으로 자른다.

 note 집에는 이런 기구가 없을 거예요. 채칼 중에서 가장 가늘게 썰어지는 것을 이용하세요. 감자로 감싸기 어려울 때는 애호박을 얇고 길게 슬라이스해 사용해도 괜찮아요.

2 농어는 소금과 후춧가루를 뿌려 밑간을 한다.

3 감자 실을 농어에 촘촘히 감아 감싼다.

4 팬에 올리브오일을 두르고 3의 농어를 올려 앞뒤로 노릇하게 익힌 다음 다시 175℃의 오븐에 넣어 10분 정도 굽는다.

5 접시에 보리샐러드를 놓고 구운 농어를 올린다.

baked sea bass

If you cook,

만약 당신이 요리를 한다면
온가족이 테이블에 모여 식사를 하고

만약 당신이 요리를 한다면
내 가족이 건강하게 살아가도록 지켜줄 수 있고

만약 당신이 요리를 한다면
아이와 함께 오래오래 행복할 수 있는 방법을 알게 되며

만약 당신이 요리를 한다면
당신의 집은 이 세상에서 가장 특별한 장소가 되고

만약 당신이 요리를 한다면
많은 이들을 행복하게 할 수 있고

만약 당신이 요리를 한다면
사람들은 그런 당신을 기억할 것이다.

- Sam Kim

농어구이와 **두 가지 소스**

STEP 1 포모도로소스 만들기

방울토마토 7개, 마늘 3개, 다진 파슬리 1작은술, 생바질 잎 1장, 소금 조금, 올리브오일 적당량

1. 방울토마토는 꼭지를 떼고 2등분하고 마늘은 슬라이스한다.
2. 팬에 올리브오일을 두르고 마늘을 볶다가 마늘이 익기 시작하면 방울토마토를 넣고 다시 한 번 볶는다. 소금으로 간을 맞추고 다진 파슬리와 슬라이스한 생바질 잎을 넣는다.

STEP 2 에그케이퍼아이올리소스 만들기

달걀 1개, 케이퍼 7알, 아이올리소스 p.10 참조 3큰술, 레몬 1개, 다진 파슬리 1작은술, 소금 조금

1. 달걀은 삶아서 식혀놓는다.
2. 믹싱볼에 아이올리소스와 살짝 다진 케이퍼, 삶은 달걀을 넣고 달걀이 잘 으깨지도록 고루 섞는다.
3. 여기에 레몬즙을 짜 넣고 소금으로 간을 맞춘다. 다진 파슬리를 넣어 마무리한다.

STEP 3 **농어구이 만들기**

농어 살만 발라 손질한 것 200g, 소금·후춧가루 조금씩, 올리브오일 적당량

1 농어에 소금과 후춧가루를 뿌려 밑간한다.

2 올리브오일을 두른 팬에 농어를 올려 앞뒤로 노릇하게 고루 익힌다.

note 저는 생선을 구울 때 늘 껍질부터 익혀요. 프라이팬에서 껍질을 익힌 다음 딱 한 번만 뒤집고 다시 오븐을 이용해 속을 최대한 부드럽게 익혀주지요. 하지만 이 방법이 번거롭다면 프라이팬에 구운 상태에서 다른 프라이팬 하나를 뚜껑처럼 덮어 익히면 돼요. 이렇게 하면 조리시간이 단축되고 최대한 부드럽게 익는답니다.

3 접시에 두 가지 소스를 올리고 구운 농어를 올린 다음 다진 파슬리를 뿌린다.

이 요리에는 흰살생선이라면 어떤 것이라도 잘 어울리지요. 강낭콩뿐 아니라 울타리콩을 넣어도 좋아요. 콩과 생선의 담백한 맛의 조합은 정말 최고랍니다! 저는 생선이 다 구워지기도 전에 스튜의 절반 이상을 먹어버려요. 군침이 돌아 참을 수 없거든요.

농어구이와 강낭콩초리조스튜

농어 살만 발라 손질한 것 100g, 강낭콩 1컵, 초리조햄 Chorizo 30g, 방울토마토 5알, 채소스톡 p.26 참조 500㎖, 마늘 2쪽, 다진 파슬리 1작은술, 대파(흰 부분) 20g, 화이트와인 1큰술, 소금·후춧가루 조금씩, 올리브오일 적당량

1 초리조햄은 작은 주사위 모양으로 자른다. 마늘은 칼등으로 살짝 으깨고 대파는 흰 부분으로 준비해 어슷하게 썬다. 방울토마토는 깨끗이 씻어 꼭지를 떼고 2등분한다.

2 냄비에 올리브오일을 살짝 두르고 초리조햄을 넣어 볶다가 올리브오일이 붉은 색을 띠면 으깬 마늘과 대파를 넣고 볶는다.

3 마늘과 대파가 익기 시작하면 강낭콩을 넣고 살짝 볶는다. 화이트와인을 넣고 방울토마토와 다진 파슬리를 넣어 다시 한 번 볶는다.

4 3에 채소스톡을 조금씩 부어가며 강낭콩이 익을 때까지 끓인다. 부족한 간은 소금으로 맞춘다.

5 손질한 농어에 소금과 후춧가루로 간을 한 뒤 올리브오일을 두른 팬에 올려 껍질이 있는 쪽부터 익힌다. 앞뒤로 노릇하게 익혀 4의 스튜와 함께 그릇에 보기 좋게 담는다.

샘 킴 스타일 **햄버그**

STEP 1 햄버그 패티 만들기

쇠고기 간 것 400g, 돼지고기 간 것 600g, 양파 1개, 디종머스터드 1작은술, 로즈마리 3줄기, 달걀 1개, 소금·후춧가루 조금씩, 올리브오일 적당량

1. 양파는 껍질을 벗기고 작은 주사위 모양 사방 1x1cm으로 자르고 로즈마리는 잎만 떼어 곱게 다진다.
2. 올리브오일을 두른 팬에 양파를 넣어 양파가 투명해질 때까지 볶다가 소금으로 간을 한다.
3. 믹싱볼에 볶은 양파와 쇠고기, 돼지고기, 로즈마리, 달걀, 디종머스터드를 넣고 고루 섞어 반죽을 만든다. 소금과 후춧가루로 간을 맞춘다.
4. 3의 반죽을 햄버그 패티 모양으로 둥글고 납작하게 빚어 비닐랩으로 감싸 냉장고에 넣어둔다.

note 패티를 만들 때는 간이 맞는지 보기 위해 조금만 떼어 미리 구워보세요. 맛을 본 뒤 간이 맞지 않으면 소금, 후춧가루를 조금 더 넣으면 됩니다. 맛을 보지 않고 그대로 만들면 너무 싱거운 햄버그를 먹게 될지도 몰라요!

STEP 2 햄버그 스프레드 만들기

아이올리소스 p.10 참조 1컵, 마늘 1/2쪽, 엔초비 1마리, 파르메산치즈가루 1큰술, 올리브오일 1큰술

1. 믹싱볼에 아이올리소스와 다진 마늘, 엔초비, 파르메산치즈가루를 넣고 고루 섞는다.

2. 여기에 올리브오일을 조금씩 넣어가며 다시 한 번 고루 섞어 완성한다.

note 햄버그 스프레드는 취향에 따라, 기분에 따라 다양하게 변화를 주세요. 아이올리소스 베이스에 매콤한 타바스코소스를 넣어도 잘 어울립니다. 간편하게 만들려면 시중에 판매하는 다양한 소스를 활용해도 좋아요.

STEP 3 햄버그 완성하기

완숙토마토 1개, 빨강양파 1개, 양상추 1개, 모차렐라치즈 적당량, 햄버그 번 햄버그용 빵

1. 완숙토마토는 둥근 모양을 살려 1cm 두께로 슬라이스하고 빨강양파는 껍질을 벗겨 얇게 슬라이스한다. 모차렐라치즈도 0.5cm 두께로 슬라이스한다. 양상추는 햄버그에 들어가기 좋은 사이즈로 찢는다.

2. 팬에 올리브오일을 두르고 햄버그 패티를 올려 앞뒤로 잘 익혀가며 굽는다. 패티가 다 구워지면 모차렐라치즈를 패티 위에 올려 살짝 녹인다.

3. 프라이팬에 햄버그 번을 올려 안쪽을 살짝 굽는다. 구운 번 안쪽에 각각 스프레드를 바르고 한쪽 번 위에 양상추, 토마토, 빨강양파 순서로 올린다. 모차렐라치즈를 얹은 패티를 올린 다음 나머지 번 한쪽을 마저 올려 완성한다.

note 햄버그 번 대신 구운 러스틱 브레드Rustic Bread나 치아바타Ciabatta를 이용해도 맛있답니다.

이 수프는 감기에 걸린 아이에게 너무 좋은 요리예요.
감기에 걸리거나 기운이 없는 날엔 리본 모양의 파스타를 넣은 닭고기수프를 끓인답니다.
저는 완성된 수프에 레몬즙을 넣는 것을 좋아해요!

파르펠레를 넣은 치킨누들수프

닭가슴살 2쪽, 파스타 파르펠레 Farfalle 생면 20g(건면은 10g 준비), 양파 1개, 당근 1/2개, 셀러리 2줄기, 애호박 1개, 베이컨 5장, 타임 2줄기, 완두콩 10알, 치킨스톡 p. 27 참조 1ℓ, 다진 파슬리 1작은술, 소금 조금, 올리브오일 적당량

1. 양파와 당근은 껍질을 벗기고 작은 주사위 모양 사방 1x1cm으로 자른다. 셀러리와 애호박도 같은 크기로 자르고 베이컨은 얇게 슬라이스된 것으로 준비해 잘게 자른다.

2. 파스타 생면은 끓는 소금물에 넣고 3분 동안 삶는다. 건면일 경우 9분 정도 삶는다. 완두콩도 살짝 데친다.

3. 냄비에 올리브오일을 두르고 베이컨을 굽는다. 베이컨이 다 익으면 꺼내고 닭가슴살을 넣는다. 잠시 익히다가 완두콩을 제외한 채소를 모두 넣고 함께 볶는다. 소금으로 간을 맞춘다.

   note 채소를 지나치게 오래 볶지 마세요. 채소에서 나온 단맛으로 닭고기의 담백함이 사라질지 몰라요.

4. 3에 타임을 넣고 치킨스톡을 부어 채소들이 익을 때까지 끓인다.

5. 닭가슴살을 건져 먹기 좋게 찢는다.

6. 채소들이 다 익으면 파스타와 완두콩, 찢어놓은 닭가슴살을 넣고 한 번 끓인 뒤 다진 파슬리를 넣어 마무리한다.

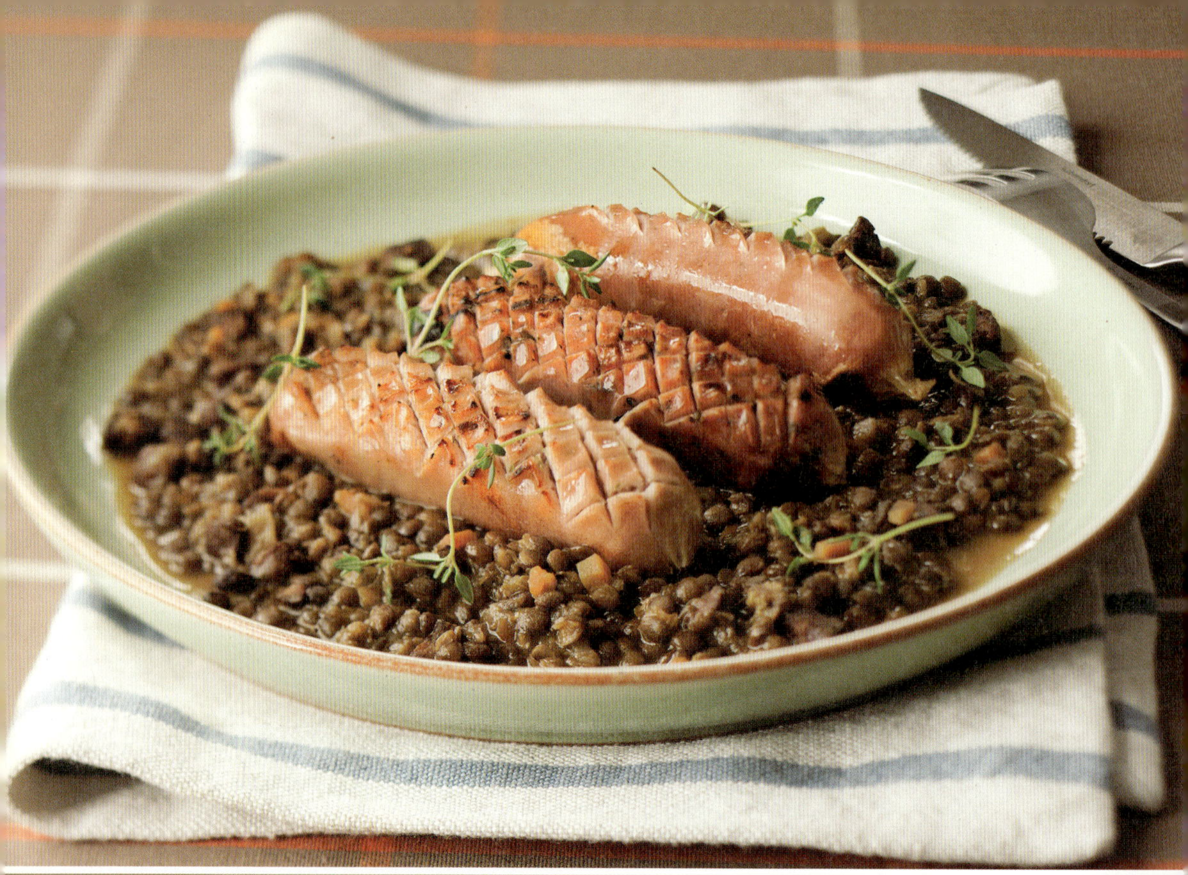
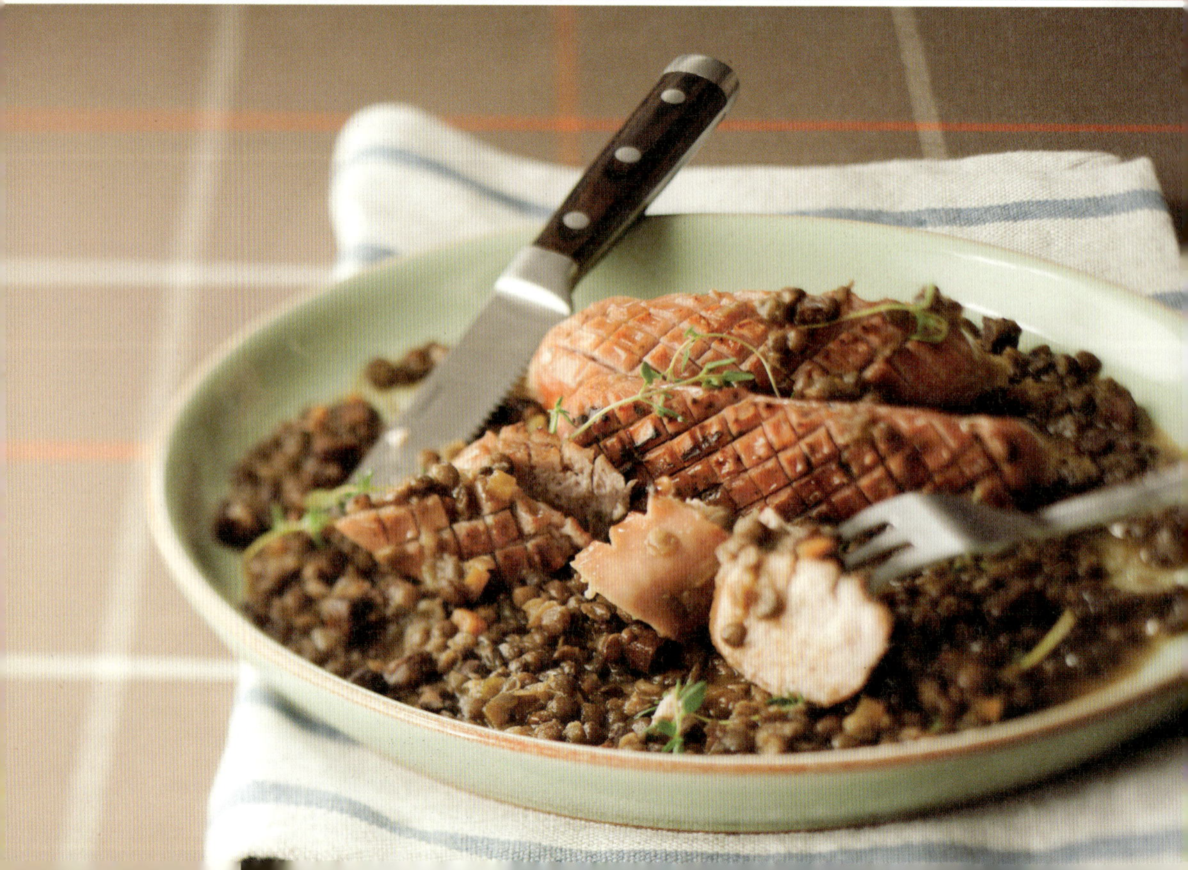

렌틸콩과 함께 먹는 소시지구이

프랑크소시지 3개, 렌틸콩 Lentil 1컵, 베이컨 3장, 양파 1개, 당근 1/2개, 셀러리 1줄기, 채소 스톡 1ℓ, 화이트와인 2큰술, 마늘 1쪽, 타임 1줄기, 소금 조금, 올리브오일 적당량

1. 렌틸콩은 2시간 이상 물에 담가 불린다. 하루 전 날 담가두고 다음날 사용하면 좋다.
2. 양파와 당근은 작은 주사위 모양 사방 1x1cm으로 자르고 셀러리도 같은 크기로 자른다. 베이컨은 얇게 슬라이스한 것으로 준비해 잘게 자른다. 마늘은 칼등으로 눌러 으깬다.
3. 냄비에 올리브오일을 두르고 베이컨을 넣어 볶는다.
4. 베이컨이 거의 다 익으면 마늘을 넣고 볶다가 채소들을 넣고 다시 한 번 볶는다. 소금으로 간을 맞춘다.
5. 렌틸콩의 물기를 제거하고 4에 넣어 함께 볶은 다음 화이트와인을 붓고 타임을 넣는다. 여기에 채소스톡을 천천히 부어가며 렌틸콩이 다 익을 때까지 끓인다.
6. 소시지에 칼집을 넣고 기름을 두른 팬에 올려 앞뒤로 고루 익힌다.
7. 접시에 렌틸콩을 넓게 펴놓고 구운 소시지를 올린다.

note 저는 베이컨 대신 종종 초리조햄 Chorizo을 이용해요. 살짝 매콤한 향신료의 풍미가 도는 렌틸콩을 만들 수 있지요. 방울토마토를 넣어도 좋아요.

이번에는 베이컨 대신 초리조햄을 사용했어요!

아내와는 아주 오랜 연애 끝에 결혼을 했습니다.
고등학교를 졸업할 때부터 아내를 쫓아다녔으니 꼬박 18년이 지났네요.
우리의 연애 기간을 들으면 다들 깜짝 놀랍니다.
요리 공부를 위해 멀리 떠났을 때도 변함없이 그 자리를 지켜준 아내가 없었다면
아마 지금의 셰프 샘 킴도 없을 거예요.
세상에서 가장 큰 의지가 되는 사람, 세상에서 가장 사랑스러운 사람,
아내는 그런 존재이지요.
너무 바쁜 스케줄에 매일 밤늦게 퇴근을 하다 보니 아내가 토라질 때도 많아요.
하지만 언제 그랬냐는 듯이 따뜻하게 맞아주는 그녀를 보면서
내일 또 열심히 요리할 힘을 얻는답니다.
매일 매일 나의 요리를 맛봐주고 평가해주는 나의 아내,
"평생 곁에서 맛있는 요리 많이 만들어줄게요. 고맙습니다. 사랑합니다."

Fish consommé

세 가지 콩으로 만든 **광어콩소메**

광어 살만 발라 솔질한 것 100g, 광어 뼈 1마리 분량, 물 700㎖, 강낭콩 5알, 병아리콩 5알, 완두콩 5알, 감자 1/2개, 양파 1개, 처빌 잎 5장, 소금 조금, 올리브오일 적당량

1. 양파는 껍질 벗겨 슬라이스하고 감자는 작은 주사위 모양 사방 1x1cm으로 자른다. 끓는 소금물에 감자와 세 가지 콩을 넣고 삶는다.
2. 광어의 살을 발라내고 남은 뼈를 뜨거운 물에 살짝 데친다.
3. 냄비에 올리브오일을 두르고 양파를 넣어 갈색이 될 때까지 약한 불에서 볶는다. 소금을 조금 넣어 간을 맞춘다.
4. 데쳐낸 광어 뼈를 3에 넣고 계속 볶는다.
5. 재료가 잠길 만큼의 물을 붓고 끓인다. 국물이 끓기 시작하면 광어 살을 넣고 끓인다.

    note 콩소메를 만들 때는 요리 곁에서 떠나지 말고 지켜봐야 해요. 뼈를 끓일 때 물 위로 떠오르는 거품과 이물질을 수시로 걷어내세요.

6. 중간 불에서 계속 끓이다 국물이 1/3 정도로 줄어들면 체에 밭쳐 콩소메수프만 거른다. 콩소메는 아주 약한 불에 올려 따뜻하게 데우면서 1의 감자, 콩을 넣는다.
7. 올리브오일을 두른 팬에 6에서 건져둔 광어 살을 올려 껍질째 앞뒤로 굽는다.
8. 조금 오목한 접시에 6의 콩소메를 붓고 구운 광어를 올린다. 처빌을 올려 완성한다.

Cooked Salmon with
Couscous Salad

note 쿠스쿠스Couscous는 좁쌀처럼 생긴 곡물이에요. 파스타를 만들 때 쓰는 밀의 한 종류를 쪄서 말린 것이지요. 비타민과 단백질이 풍부한 건강식품이랍니다. 주로 샐러드를 만들 때 사용해요.

연어구이와 쿠스쿠스샐러드

생연어 훈제하지 않은 것 100g, 쿠스쿠스 Couscous 50g, 애호박 1/2개, 양파 1/4개, 완숙토마토 1/2개, 딜 1줄기, 채소스톡 p.26 참조 500㎖, 다진 파슬리 1/2작은술, 소금·후춧가루 조금씩, 올리브오일 적당량

1 양파는 껍질을 벗기고 굵게 다진다. 애호박도 같은 크기로 자른다. 토마토는 살짝 데쳐 껍질과 씨를 제거하고 다른 채소와 같은 크기로 자른다.

2 팬에 올리브오일을 두르고 양파와 애호박을 넣어 볶다가 소금으로 간을 맞추고 쿠스쿠스를 넣어 다시 한 번 고루 섞는다.

3 2에 채소스톡을 조금씩 부어가며 쿠스쿠스를 완전히 익힌 다음 식힌다.

4 올리브오일을 두른 팬에 손질한 연어를 올려 앞뒤로 익히며 굽는다. 소금과 후춧가루를 살짝 뿌려 간을 맞춘다. 다 구워진 연어는 손으로 큼직하게 부순다.

note 껍질이 바삭하게 익을 때까지 굽는 것이 중요해요! 마지막에 뿌리는 레몬즙은 고소한 연어의 맛을 몇 배로 살려줄 거예요.

5 믹싱볼에 3과 토마토, 구운 연어를 넣고 올리브오일과 파슬리를 넣는다.

6 레몬즙을 내서 넣고 딜을 뿌려 마무리한다.

홍합튀김과 심플 토마토샐러드

홍합 20개, 화이트와인 3큰술, 마늘 2쪽, 완숙토마토 1개, 빵가루 2컵, 밀가루 1컵, 달걀 2개, 레몬 1/2개, 다진 파슬리 1작은술, 화이트와인드레싱 p.12 참조 1/2컵, 루콜라 5장, 튀김기름 적당량

1. 토마토는 둥근 모양을 살려 1cm 두께로 자른다. 꼭지를 왼손 방향에 두고 자르면 가로 방향이 된다. 토마토에 화이트와인 드레싱을 뿌려 냉장고에 차갑게 보관한다.
   note 토마토를 슬라이스한 뒤 그릴 팬에 살짝 익혀 사용해도 좋아요.

2. 마늘은 칼등으로 살짝 으깬 다음 올리브오일을 두른 냄비에 넣고 볶는다. 깨끗이 손질한 홍합을 껍질째 넣고 다시 한 번 볶은 다음 화이트와인을 넣고 뚜껑을 덮는다.

3. 홍합이 모두 입을 벌리면 건져서 홍합 살만 발라낸다.
   note 홍합국물이 남았을 때는 파스타에 활용하세요.

4. 홍합 살에 밀가루, 달걀물, 빵가루 순서로 옷을 입힌다.

5. 뜨겁게 달군 튀김기름에 홍합을 넣어 튀긴다.

6. 접시에 1의 토마토샐러드를 놓고 홍합튀김을 올린 다음 다진 파슬리와 레몬즙을 뿌린다. 루콜라를 올려 마무리한다.

리소토로 속 채운 **오징어구이**

초리조완두콩리소토 p.153 참조, 오징어 1마리, 레몬 1개, 로즈마리 5줄기, 타임 5줄기, 다진 파슬리 1작은술, 소금·후춧가루 조금씩, 올리브오일 적당량

1 p.153의 '초리조완두콩리소토' 레시피에 따라 리소토를 만든다.

2 다리를 떼 내장을 제거하고 껍질 벗겨 손질한 오징어 몸통 속에 리소토를 채워 넣는다. 오징어 끝은 나무꽂이를 꽂아 리소토가 새 나오지 못하게 한다.

3 믹싱볼에 올리오일을 넣고 로즈마리와 타임을 넣은 다음 2의 오징어를 넣고 고루 섞는다. 오징어 몸통에 오일과 허브가 고루 묻으면 달궈놓은 그릴 팬에 올려 앞뒤로 고루 익힌다.

note 리소토로 속을 채운 오징어를 구우면 오징어가 잔뜩 부풀어 올라 눙눙해져요. 터질 것 같아요. 그럴 때는 뾰족한 이쑤시개 등으로 살짝 찔러 공기를 빼주세요.

4 3을 적당한 두께로 슬라이스해 접시에 올리고 레몬즙과 다진 파슬리를 뿌린다.

note 오징어를 자를 때는 잘려 나갈 쪽에 나무꽂이를 꽂아놓고 칼을 앞뒤로 움직여가며 잘라요. 이렇게 해야 속이 밖으로 나오는 것을 최대한 막을 수 있어요. 자를 때마다 나무꽂이를 옮겨가면 돼요.

Fish Mousse with Fresh Salad

생선무스와 아보카도살사

STEP 1 생선무스 만들기

광어 살만 발라 손질한 것 200g, 리코타치즈 p.13 참조 3큰술, 잣 10알, 생크림 1큰술, 소금·후춧가루 조금씩, 올리브오일 적당량

1. 손질한 광어에 소금과 후춧가루를 조금 뿌려 밑간한다. 잣은 마른 팬에 올려 굴려가며 굽는다.
2. 올리브오일을 두른 팬에 광어를 올려 앞뒤로 완전히 익을 때까지 굽는다.
3. 믹싱볼에 구운 광어를 넣고 리코타치즈, 생크림, 구운 잣을 넣어 고루 섞어 무스를 만든다. 부족한 간은 소금과 후춧가루로 맞춘다.
4. 접시에 아보카도살사 다음 페이지 참조 를 담고 광어무스를 올려 완성한다.

STEP 2 **아보카도살사 만들기**

아보카도 1개, 완숙토마토 2개, 빨강양파 1/2개, 고수 잎 5장, 레몬 1개, 소금 조금, 올리브오일 적당량

1. 아보카도와 토마토는 껍질을 벗기고 씨를 제거한 뒤 작은 주사위 모양 사방 1x1cm으로 자른다.
2. 빨강양파도 껍질을 벗기고 같은 크기로 자른다. 고수 잎은 다 진다.
3. 믹싱볼에 1과 2를 넣어 섞은 다음 올리브오일을 넣고 레몬즙을 짜 넣는다. 살살 버무리고 고수 잎을 넣은 다음 소금으로 간을 맞춘다.

note 할라피뇨가 있다면 다져서 함께 넣어도 맛있어요. 고수의 향을 좋아하지 않는다면 빼도 좋습니다. 저는 고수를 좋아해 듬뿍 넣는 편이에요.

My Sweetheart!

I still remember the day I cooked for you at the very first time.
You said, "It's amazingly good." at that time.
Now! You say "honestly, that dish you made for me,
It was way too salty and greasy!"
But It's OK, honey! I still love you so much!

쪽파와 참나물을 곁들인 문어샐러드

grilled octopus with vegetables

쪽파와 참나물을 곁들인 **문어샐러드**

파프리카 1개, 문어 다리 3개, 쪽파 3줄기, 참나물 100g, 레몬 1개, 다진 파슬리 1작은술,
화이트와인드레싱 p.12 참조 3큰술

1 파프리카는 175℃의 오븐에서 굽는다. 구운 파프리카의 꼭지를 떼고 껍질을 벗긴 다음 씨를 제거하고 곱게 다진다.

2 문어를 끓는 물에 넣고 반 정도 익힌 다음 꺼내 식혀서 얇게 슬라이스한다.

note 문어는 2/3만 익을 정도로 데치는 것이 중요해요. 잘랐을 때 안쪽 살에 투명함이 남아 있도록. 나머지는 그릴 팬에 구울 때 저절로 익게 됩니다. 처음부터 바싹 익히면 말린 문어 구운 맛이 나서 안돼요!

3 껍질 벗겨 손질한 쪽파와 참나물은 깨끗이 씻어 물기를 제거한다. 팬에 쪽파와 참나물을 올리고 올리브오일을 둘러 섞은 다음 소금과 후춧가루를 조금 뿌려 간을 맞춘다. 오븐이나 프라이팬에서 살짝 굽는다.

4 그릴 팬에 슬라이스한 문어를 올려 굽는다.

5 접시에 구운 문어와 쪽파, 참나물을 올리고 다진 파프리카를 뿌린다. 다진 파슬리와 화이트와인드레싱을 넣어 고루 섞은 다음 레몬즙을 뿌려 마무리한다.

Gravlax

연어그라브락스와 달걀샐러드

STEP 1 연어그라브락스 만들기

연어 살만 발라 손질한 것 1마리, 소금 500g, 설탕 600g, 오렌지제스트 7개, 레몬제스트 9개, 딜 80g, 통후추 20g, 보드카 2컵

1. 손질한 연어는 보드카로 깨끗이 씻어낸다.
2. 믹싱볼에 소금, 설탕, 오렌지제스트, 레몬제스트를 넣는다. 딜도 다져서 넣는다. 통후추를 거칠게 갈아 넣고 다시 한 번 섞는다.
3. 도마 위에 연어를 통째 올리고 2로 연어를 완전히 덮는다. 그 위를 다시 헝겊으로 감싸 16시간 동안 그대로 둔다.
4. 염장한 연어를 깨끗한 물로 씻어내고 다시 한 번 헝겊을 덮어 12시간 동안 냉장고에 넣고 말린다. 이번에는 헝겊을 벗기고 또 다시 12시간 동안 냉장고에 넣고 말린다.

note 연어를 절이는 시간이나 소금기를 없애고 다시 말리는 시간은 입맛에 맞게 조절하세요. 너무 짜지 않게 먹고 싶다면 시간을 줄이면 됩니다.

STEP 2 샐러드 만들기

연어그라브락스 Gravlax 200g, 아보카도 1개, 빨강양파 1/2개, 케이퍼 10알, 메추리알 5개, 레몬 1/2개, 딜 1줄기, 크레송 조금, 올리브오일 적당량

1. 연어그라브락스는 얇게 슬라이스한다.
2. 아보카도는 씨를 제거하고 껍질 벗겨 얇게 슬라이스한다. 빨강양파도 껍질을 벗기고 얇게 슬라이스한다.
3. 메추리알은 끓는 물에 넣어 완전히 익을 때까지 삶아서 식힌 다음 껍질을 벗기고 2등분한다.
4. 넓은 접시나 나무도마 등에 슬라이스한 연어를 올리고 아보카도를 뿌린다. 양파와 메추리알, 케이퍼, 크레송을 함께 올리고 레몬즙을 조금 뿌린다. 마지막에 올리브오일을 뿌려 완성한다.

연어의 식감에 따라 맛이 좌우되는 요리예요. 겉은 살짝 단단하지만 속은 부드럽게! 처음에는 짠 것 같은데 자꾸 씹을수록 고소한 맛이 배어나오는 것이 매력입니다.

신기해? 여기가 아빠의 주방이야!

폴렌타 Polenta는 곡물을 갈아 만든 가루예요.
죽처럼 되직한 형태로 만들어 고기 요리에 소스처럼 곁들이기도 하지요.
치즈, 버터, 우유를 넣고 끓여 고소하고 담백해요.

민트페스토를 곁들인 **양갈비**와 **폴렌타**

STEP 1 양고기 마리네이드 하기

양갈비 5대, 로즈마리 5줄기, 타임 5줄기, 마늘 8쪽, 레몬 슬라이스한 것 5장, 올리브오일 500㎖

1 마늘은 칼등으로 살짝 으깨고 레몬은 슬라이스한다.
2 냄비에 올리브오일을 붓는다. 타임과 로즈마리, 마늘, 레몬을 넣고 약한 불에 올려 미지근해질 때까지 데운다.
3 올리브오일을 완전히 식힌 다음 손질한 양갈비를 넣고 2시간 동안 그대로 둔다.

양고기와 민트의 조합은 그야말로 찰떡궁합입니다! 나의 베스트 프렌드인 요리사 조나단 이야기로는 아일랜드에서도 양고기에 민트가 빠지지 않는다고 하네요.

STEP 2 폴렌타 만들기

폴렌타 Polenta 100g, 우유 150㎖, 버터 1큰술, 크림치즈 1큰술, 파르메산치즈가루 1큰술, 로즈마리 1줄기, 소금 조금

1. 냄비에 우유, 버터, 크림치즈, 파르메산치즈가루, 로즈마리를 넣고 약한 불에 올려 살짝 끓인다.
2. 1에 폴렌타를 조금씩 넣어가며 걸쭉해질 때까지 고루 섞는다. 소금으로 간을 맞춰 폴렌타를 완성한다.

note 폴렌타의 농도는 죽 정도가 좋아요. 크림치즈를 넣으면 폴렌타의 풍미를 더할 수 있지요.

STEP 3 민트페스토 만들기

민트 잎 20g, 잣 20알, 마늘 1쪽, 레몬 1/2개, 파르메산치즈가루 2큰술, 레몬제스트 또는 레몬껍질 조금, 소금 조금, 올리브오일 적당량

1. 잣은 마른 팬에 넣고 굴려가며 볶아 기름기가 돌도록 한다.
2. 작은 믹서에 민트 잎과 잣, 마늘, 파르메산치즈가루, 레몬제스트 또는 레몬껍질 간 것를 넣는다.
3. 소금을 조금 넣어 간을 맞추고 마지막에 올리브오일을 조금씩 넣어가며 믹서로 갈아 페스토를 만든다.

STEP 4 **양갈비 굽기**

1. 마리네이드한 양갈비를 그릴 팬에 올려 미디엄레어 상태가 되도록 앞뒤로 굽는다.

   note 양고기 특유의 맛을 최대한 살리려면 고기 상태를 미디엄레어 정도로 굽는 것이 제일 알맞아요. 하지만 고기를 완전히 익혀서 먹고 싶다면 질겨지지 않을 때까지만 구워주세요.

2. 접시에 폴렌타를 담고 양갈비를 올린 다음 민트페스토를 양갈비 위에 올려 완성한다.

SWEET DESSERT

달달하게 사랑을 표현하는 샘 킴만의 비법
아내와 아들을 위한 특급 디저트

슈퍼 사이즈 무화과 크레이프

달콤 상큼한 무화과 향이 입안에~
수줍은 분홍색 과육까지!
무화과는 환상적인 디저트 재료예요.

슈퍼 사이즈 **무화과크레이프**

10명이 먹을 수 있는 분량
무화과 3개, 아몬드슬라이스한 것 1큰술, 생크림 2컵, 메이플시럽 적당량, 슈거파우더 조금
크레이프 반죽 밀가루 250g, 달걀 6개, 우유 500㎖, 녹인 버터 50g, 설탕 1작은술, 소금 5g

1. 약한 불에 프라이팬을 올리고 버터를 넣어 갈색이 될 때까지 녹인다.
2. 믹서에 달걀, 우유, 녹인 버터, 설탕, 소금을 넣고 살짝 돌려 재료를 고루 섞는다.
3. 체에 밀가루를 붓고 살살 쳐가며 내려 2에 넣고 다시 한 번 고루 섞은 다음 그릇에 담아 냉장고에 30분 이상 둔다.
4. 프라이팬에 버터를 올려 약한 불에서 살짝 녹인 다음 3의 크레이프 반죽을 부어 얇게 굽는다. 원하는 사이즈로 얇게 구워 여러 장을 만든다.
5. 아몬드는 슬라이스해 기름을 두르지 않고 달군 팬에 넣고 살짝 굽는다.

6 믹싱볼에 생크림을 넣고 거품기를 이용해 빠르게 저어 머랭을
   만든다.
                                 note 손거품기(휘퍼Whipper)를 사용할 때는 한 방
   향으로 빠르게 저어주는 것이 중요해요. 어렵다면
   전동거품기를 이용하세요.

7 넓은 접시에 크레이프를 올리고 생크림을 얇게 펴 바른 다음
   슈거파우더를 뿌린다. 다시 크레이프를 올리고 생크림, 슈거
   파우더 순으로 반복하여 여러 장을 쌓아 올린다.

8 마지막 크레이프를 올린 다음에는 생크림을 바르고 4등분한
   무화과를 보기 좋게 올린다. 살짝 구운 아몬드와 메이플시럽
   을 뿌린 다음 슈거파우더를 솔솔 뿌려 마무리한다.

Pancakes with Blueberries

바나나블루베리 팬케이크

20~30장 만들 수 있는 분량
블루베리 20알, 바나나 1개, 무화과 1개, 메이플시럽 적당량, 슈거파우더 적당량
팬케이크 반죽 밀가루 625g, 베이킹파우더 30g, 달걀 4개, 우유 1ℓ, 설탕 60g, 소금 5g, 버터 125g

1. 믹싱볼에 달걀, 우유, 설탕, 소금을 넣고 잘 저어 섞은 다음 녹인 버터를 넣는다.
2. 체에 밀가루와 베이킹파우더를 붓고 살살 쳐가며 걸러 1에 넣고 고루 섞어 냉장고에 30분 이상 둔다.
3. 버터를 살짝 바른 팬에 반죽을 한 국자 떠 넣고 블루베리와 작게 썬 바나나, 무화과 등을 올린 다음 앞뒤로 노릇하게 익힌다.

   note 과일은 집에 있는 것을 사용하거나 좋아하는 것으로 준비하면 돼요. 비타민과 섬유소가 풍부한 과일을 팬케이크에 올려 함께 구워주면 아이들이 잘 먹어요. 그야말로 홈메이드 영양 간식이지요!

4. 구운 팬케이크를 층층이 쌓고 블루베리를 올린 다음 메이플시럽을 뿌린다. 마지막에 슈거파우더를 솔솔 뿌려 마무리한다.

다니엘을 위한 다크 초코파이

STEP 1 초코파이 만들기

10명이 먹을 수 있는 분량

다크초콜릿 가나초콜릿 등 335g, 버터 250g, 생크림 335g, 달걀노른자 250g, 달걀흰자 450g, 설탕 500g, 박력분 100g, 코코아가루 200g

1. 체에 코코아가루와 박력분을 넣고 살살 쳐서 걸러놓는다.
2. 다크초콜릿을 스테인리스 용기에 담아 뜨거운 물에 띄워 중탕으로 녹인다.
3. 또 다른 용기에 버터와 생크림을 담아 버터가 녹을 때까지 중탕한다. 또 다른 용기에는 달걀노른자와 설탕을 넣고 설탕이 녹을 때까지 중탕한다.
4. 2에 3의 버터와 생크림을 넣고 고루 섞은 다음 다시 3의 달걀노른자와 설탕을 넣어 다시 한 번 고루 섞는다.
5. 작은 볼에 달걀흰자와 설탕을 넣고 거품기로 빠르게 저어 부드러운 머랭을 만든다.
6. 4에 머랭의 1/3 분량과 1의 코코아가루, 박력분을 넣고 고루 섞은 다음 5의 나머지 머랭을 두 번에 나누어 넣어가며 고루 섞는다.
7. 6을 오븐용 그릇에 담아 175℃의 오븐에서 30분 정도 굽는다.

STEP 2 크림치즈필링 만들기

크림치즈 125g, 설탕 40g, 생크림 62g, 바닐라에센스 4g, 아몬드 슬라이스한 것 30g

1. 믹싱볼에 크림치즈를 넣고 주걱으로 고루 섞어 부드러운 상태로 만든 뒤 설탕을 넣어 고루 섞는다.
2. 1에 생크림을 넣어 다시 한 번 섞어 걸쭉한 상태가 되도록 한다.
3. 아몬드 슬라이스는 기름을 두르지 않고 달군 팬에 살짝 구워 2에 넣고 고루 섞어 필링을 완성한다.
4. 초코파이 사이에 크림치즈필링을 넣어 마무리한다.

다니엘에게

시간이 언제 이렇게 흐른 거지?
응애 응애 울기만 하던 네가 아침마다 배 위로 뛰어 올라
아빠를 깨우는 개구쟁이가 되었네.
늘 건강한 에너지를 전해 행복한 하루를 맞이하게 해줘서 고마워.
아빠의 요리 철학까지 바꾼 나의 아들!
가끔 네게 나의 아내를 뺏긴 것 같아 조금 서운할 때도 있지만
넌 내가 요리하는 이유고 나의 사랑 그 자체야.
너와 함께 해보고 싶었던 일들을 하나씩 경험하면서
새롭고 재미있는 하루하루를 보내고 있음에 정말 감사하단다.
요즘 네가 장난감 프라이팬을 들고 아빠 흉내를 내는 모습을 보면
아빠로서, 또 요리사로서 얼마나 흐뭇한지 몰라!
지금처럼 건강하게만 자라줘.

사랑한다. 아빠가.

Sweet Eclair

초코크림을 넣은 스위트 에클레어

30개 만들 수 있는 분량
박력분 240g, 달걀 425g, 버터 184g, 소금 7g, 설탕 9g, 물 400g, 초코크림 오른쪽 페이지 참조 1컵, 다크초콜릿 1컵

1. 냄비에 물, 버터, 소금, 설탕을 넣고 약한 불에 올려 버터가 다 녹을 때까지 천천히 끓인다.

2. 체에 거른 밀가루를 1에 넣고 나무주걱을 이용해 잘 저어가며 끓인다. 고루 섞여 한 덩어리가 될 때까지 젓는다.

3. 믹싱볼에 2를 넣고 달걀을 여러 번에 나누어 넣어가며 고루 섞은 다음 짤주머니 pastry bag 에 넣는다. 오븐 팬에 유산지를 깔고 짤주머니 속의 반죽을 길쭉한 에클레어 모양으로 짜놓는다.

4. 3을 220℃의 오븐에서 8분 정도 구운 다음 온도를 175℃로 낮춰 다시 20분 정도 굽는다. 앞뒤 방향을 바꾸어 다시 20분 정도 더 구운 다음 꺼낸다.

   note 오븐 속 반죽이 갈색을 띠며 익기 전까지는 절대로 오븐을 열지 마세요. 다 익지 않은 상태에서 문을 열면 열기가 빠져나가 반죽이 주저앉아버린 답니다.

5. 4를 완전히 식힌 뒤 가운데를 갈라 초코크림을 채워 넣는다. 비닐랩으로 살짝 덮어 냉장고에 30분 정도 넣어둔다.

   note 초코크림은 짤주머니에 넣고 짜 넣으면 간편하게 빵 사이를 채울 수 있어요.

6 냄비에 다크초콜릿을 넣고 약한 불에 올려 녹인 다음 에클레어의 윗부분만 살짝 담갔다 꺼낸다. 초콜릿 옷을 입은 에클레어를 다시 냉장고에 넣고 초콜릿이 굳을 때까지 식혀 완성한다.

심플 초코크림 만들기

다크초콜릿 64g, 생크림 80g, 설탕 32g, 커스터드크림 p.229 참조 260g

1 냄비에 생크림과 설탕을 넣고 살짝 끓인다.
2 1에 다크초콜릿을 넣어 녹인다.
3 믹싱볼에 커스터드크림과 2를 넣어 고루 섞은 다음 짤주머니 pastry bag에 담는다.

커스터드크림은 빵 사이에 발라 디저트를 만들 때도 쓰이지만 이와 같이 베리나 기타 과일과 함께 그 자체로 달콤한 디저트가 되기도 합니다!

Custard-Cream

베리를 곁들인 **커스터드크림**

5명이 먹을 수 있는 분량
달걀노른자 3개 분량, 우유 250g, 바닐라빈 1개, 설탕 60g, 전분 10g, 박력분 15g, 쿠앵트로 Cointreau(오렌지 리큐르) 6g, 블루베리·라즈베리 적당량씩, 슈거파우더 조금

1. 작은 냄비에 우유와 설탕(20g), 바닐라빈을 넣고 살짝 끓인다.
2. 믹싱볼에 달걀노른자와 설탕(나머지 분량)을 넣고 살짝 섞은 다음 전분과 박력분을 넣고 다시 한 번 고루 섞는다. 뭉치지 않도록 잘 저어 섞는다.
3. 2에 1을 넣고 섞은 다음 중간 불에 올려 되직해질 때까지 저어가며 끓인다.

   note 달걀노른자가 많이 들어가는 커스터드크림을 만들 때는 바닥에 눌러 붙지 않도록 고루 저어주는 것이 정말 중요해요!

4. 크림이 되직한 상태가 되면 체에 걸러 믹싱볼에 넣고 쿠앵트로를 넣어 섞은 다음 보관용기에 담아 냉장고에서 차갑게 식힌다.
5. 차갑게 식힌 커스터드크림을 유리볼에 담고 블루베리, 라즈베리 등을 올려 먹는다. 슈거파우더를 살짝 뿌려도 맛있다.

긴 출장길에서
새로운 요리를 맛볼 때마다,
골목골목 구경거리를 발견할 때마다
아들의 웃음소리가 들리는 듯합니다.
가족이 있어 나의 요리에 이야기가 더해집니다.
내 요리를 찾는 이들도 사랑하는 사람들과
그 이야기를 나누었으면 하는 바람에
요리를 담는 손끝에 한 번 더 마음을 쏟게 됩니다.

Scone with tomato jam

토마토잼을 곁들인 스콘

15~20개 만들 수 있는 분량
박력분 400g, 달걀 4개, 우유 5큰술, 버터 100g, 설탕 40g, 베이킹파우더 4작은술, 소금 조금, 토마토잼 p.14 참조 1/2컵

1. 믹싱볼에 버터를 넣고 고루 섞어 부드러운 상태로 만든다.
2. 다른 믹싱볼에 달걀, 설탕, 소금을 넣고 섞은 다음 2~3회로 나누어 1에 넣어가며 섞는다.
3. 체에 밀가루와 베이킹파우더를 넣고 살살 쳐서 걸러 2에 넣고 섞은 다음 우유를 넣고 다시 한 번 섞는다.
4. 오븐팬에 반죽을 적당한 크기로 나눠 올려 175℃의 오븐에서 20분 정도 굽는다.

스콘에 잼을 곁들여 먹으면 맛있어요.
앞에서 홈메이드 토마토잼 만드는 법 보셨지요?
토마토잼은 스콘의 담백한 맛을 잘 살려주는 단짝입니다.

Madeleine

티타임에 어울리는 마들렌

20개 만들 수 있는 분량
박력분 500g, 우유 200g, 달걀 500g, 버터 540g, 흰설탕 550g, 황설탕 10g, 올리고당 30g, 베이킹파우더 20g, 아몬드오일 40g, 바닐라빈 3개, 레몬 껍질 10g

1. 냄비에 우유와 버터, 아몬드오일, 바닐라빈, 레몬 껍질을 넣고 약한 불에 올려 버터가 살짝 녹을 때까지 끓인다.
2. 믹싱볼에 달걀, 흰설탕, 황설탕, 올리고당을 넣고 살짝 섞는다.
3. 체에 박력분과 베이킹파우더를 넣고 살살 쳐서 걸러 2에 넣고 고루 섞는다.
4. 3에 1을 넣고 천천히 섞는다.
5. 마들렌 틀에 4의 반죽을 담고 175℃의 오븐에서 20분 정도 굽는다.

note 마들렌 반죽을 굽기 전에 6시간 이상 숙성시키면 식감과 풍미를 살릴 수 있어요. 하루 동안 냉장고에 넣고 숙성시켜도 돼요. 물론 금세 만들어 먹고 싶을 때는 숙성 과정이 생략되겠지만요.

무화과필링을 얹은 미니 타르트

STEP 1 **타르트반죽 만들기**

박력분 500g, 버터 330g, 달걀 2개, 달걀노른자 2개 분량, 설탕 150g, 소금 2g, 아몬드파우더 150g, 슈거파우더 50g, 생콩 타르트 틀을 가득 채울 정도

1. 믹싱볼에 버터를 넣고 거품기(휘퍼 Whipper)로 부드러워질 때까지 섞는다.
2. 1에 설탕을 조금씩 넣어가며 고루 섞는다.
3. 믹싱볼에 달걀 2개, 달걀노른자 2개 분량, 소금을 넣고 고루 섞은 다음 2를 2~3회로 나누어 넣어가며 분리되지 않도록 잘 섞는다.
4. 체에 박력분과 아몬드파우더, 슈거파우더를 넣고 살살 쳐서 걸러 3에 넣고 다시 한 번 고루 섞어 반죽을 만든다. 반죽을 둥글게 뭉쳐 비닐랩으로 싼 뒤 냉장고에 30분 동안 넣어둔다.
5. 반죽을 꺼내 밀대로 얇게 펴서 타르트 틀에 맞게 자른 다음 틀 밑바닥에 깐다. 포크로 반죽을 찔러 바닥에 구멍을 낸다.
6. 반죽 위에 유산지를 덮고 생콩이 틀에 가득 차도록 올린 다음 175℃의 오븐에서 10~15분 정도 굽는다.

note 타르트반죽은 냉동보관이 가능해요. 한 번 만들 때 넉넉하게 만들어 밀봉하여 냉동실에 보관해두고 사용하면 편리합니다.

STEP 2 무화과필링 만들기

버터 1kg, 달걀 15개, 설탕 200g, 물 200g, 아몬드파우더 675g, 슈거파우더 750g, 사우어크림 150g, 아몬드 간 것 325g, 말린 무화과 200g

1. 냄비에 설탕과 물을 넣고 약한 불에 올려 설탕이 녹을 때까지 끓인다.
2. 말린 무화과를 1에 담가놓는다.
3. 믹싱볼에 버터를 넣고 저어 녹인 다음 체에 거른 슈거파우더를 넣고 섞는다.
4. 3에 사우어크림을 넣고 다시 한 번 섞은 다음 달걀을 2~3회로 나누어 넣어가며 섞는다.
5. 아몬드파우더와 아몬드 간 것을 4에 넣고 다시 한 번 섞어 필링을 완성한다.
6. 미리 구워놓은 타르트반죽에 필링을 채우고 2의 무화과를 2등분해 올린 다음 175℃의 오븐에서 20분 정도 굽는다.

늘 나의 디저트를 가장 먼저 맛보는 사람들.

Lemon cream tarte

머랭은 토치로 살짝 그을리면
끝부분에 갈색이 돌아 멋스러워요!

레몬크림과 머랭을 올린 타르트

STEP 1 **타르트반죽 만들기**

p.237의 레시피를 따라 타르트반죽을 만든다.

STEP 2 **레몬크림 만들기**

레몬 껍질 3개 분량, 레몬즙 500g, 설탕 500g, 버터 250g, 달걀 750g, 달걀흰자 1컵, 슈거파우더 1컵

1. 냄비에 레몬껍질과 레몬즙을 넣고 살짝 끓인 뒤 식힌다.
2. 믹싱볼에 설탕과 달걀을 넣고 섞은 다음 1을 부어 다시 고루 섞는다. 스테인리스 용기에 넣고 중탕으로 데우면서 되직해질 때까지 저어가며 섞는다.
3. 2를 체에 걸러 볼에 담고 상온에서 녹인 버터를 넣어 고루 섞는다.

STEP 3 **타르트 완성하기**

1. 미리 구워놓은 타르트반죽에 레몬크림을 채우고 175℃의 오븐에서 20분 정도 굽는다.
2. 레몬타르트가 완성되면 오븐에서 꺼내 식힌다.
3. 믹싱볼에 달걀흰자와 슈거파우더를 넣고 빠르게 저어 머랭을 만든 다음 2에 올려 마무리한다.

버터를 상온에 꺼내두고 알맞게 녹인 다음 다른 재료에 섞어야 맛있고 부드러운 레몬커드가 완성됩니다.

스노우 볼을 닮은 **머랭쿠키**

30개 만들 수 있는 분량
달걀흰자 150g, 설탕 150g, 슈거파우더 150g

1. 볼에 달걀흰자와 설탕을 넣고 거품기(휘퍼 Whipper)로 빠르게 한 방향으로 저어 휘핑한다.

   note 전동거품기로 휘핑하면 정말 편해요. 손거품기를 사용할 때는 재빨리, 한쪽 방향으로만 저어 줍니다.

2. 슈거파우더를 체에 내려 1에 넣고 고루 섞는다.

3. 오븐 팬에 유산지를 깔고 2의 반죽을 한 숟가락씩 떠 올린 뒤 100℃의 오븐에서 2시간 정도 천천히 굽는다.

Wow! 정말 오랫동안 구워야 해요. 낮은 온도에서 천천히 구워야 부드러우면서 바삭한 머랭 쿠키가 완성됩니다.

Cupcakes

두 가지 맛 컵케이크

두 가지 맛 컵케이크

바나나컵케이크
10~15개 만들 수 있는 분량
박력분 260g, 버터 200g, 달걀 150g, 우유 70g, 설탕 80g, 황설탕 100g, 베이킹파우더 7g, 베이킹소다 2g, 바나나 80g

1. 믹싱볼에 버터를 넣고 저어 부드러운 상태로 만든다.
2. 다른 믹싱볼에 달걀, 설탕, 황설탕을 넣고 섞은 다음 2~3회로 나누어 1에 넣어가며 섞는다.
3. 2에 우유를 넣고 다시 한 번 섞는다.
4. 바나나를 잘게 다져 3에 넣고 고루 섞는다.
5. 컵케이크 틀에 유산지를 깔고 반죽을 담아 175℃의 오븐에서 30분 정도 굽는다.

초콜릿컵케이크

15~20개 만들 수 있는 분량
박력분 350g, 버터 425g, 달걀 425g, 설탕 425g, 코코아파우더 75g, 베이킹파우더 10g, 다크초콜릿 250g, 소금 5g

1   믹싱볼에 버터를 넣고 저어 부드러운 상태로 만든다.
2   1에 설탕을 넣고 다시 한 번 고루 섞는다.
3   달걀을 2~3회로 나누어 2에 넣어가며 섞는다.
4   체에 박력분과 코코아파우더, 베이킹파우더를 넣고 살살 쳐서 걸러 3에 넣고 고루 섞는다.
5   다크초콜릿을 곱게 다져 소금과 함께 4에 넣고 다시 한 번 섞어 반죽을 만든다.
6   컵케이크 틀에 유산지를 깔고 반죽을 담아 160℃의 오븐에서 1시간 정도 굽는다.

Macedonia

환상적인 과일 잔치, 마체도니아

파인애플 1/2개, 오렌지 2개, 사과 2개, 키위 4개, 딸기 10개, 석류 1개, 멜론 1/2개, 블루베리 20알, 포도 20알, 물 250g, 설탕 250g, 오렌지주스 250g, 오렌지 껍질 2개 분량, 레몬 껍질 1개 분량, 바닐라빈 1개, 럼 50g, 슈거파우더 조금

1 냄비에 물, 오렌지주스, 설탕, 오렌지 껍질, 레몬 껍질, 바닐라빈을 넣고 설탕이 녹을 때까지 살짝 끓인 다음 불에서 내려 식힌다.

2 1이 다 식으면 럼을 넣고 섞은 뒤 냉장고에 넣어 시원하게 식힌다.

note 마체도니아는 시원하게 먹을수록 맛있는 디저트예요. 냉장고에서 하루 정도 숙성시키면 과일의 풍미가 최고로 살아납니다.

3 모든 과일은 깨끗이 씻어 껍질을 벗기거나 꼭지를 떼고 먹기 좋은 크기로 자른다.

4 볼에 과일을 골고루 담고 2를 부은 다음 슈거파우더를 살짝 뿌려 마무리한다.

ripe persimmon Sorbet

Mango Sorbet

Yuzu Sorbet

샘 킴 스타일 세 가지 맛 소르베

망고소르베
망고 5개, 레몬즙 1개 분량, 시럽 1/2컵

1. 망고는 씨와 껍질을 제거한다.
2. 믹서에 망고와 레몬즙, 시럽을 넣고 돌려 곱게 간다.
   note 시럽은 기호에 따라 양을 조절하세요. 넣지 않아도 좋습니다.
3. 유리나 스테인리스 용기에 넣고 뚜껑을 덮어 냉장고에서 4시간 정도 얼린다.

홍시소르베
홍시 5개, 레몬즙 1개 분량, 시럽 1/2컵

1. 홍시는 씨와 껍질, 꼭지를 제거한다.
2. 믹서에 홍시와 레몬즙, 시럽을 넣고 돌려 곱게 간다.
   note 시럽은 기호에 따라 양을 조절하세요. 넣지 않아도 좋습니다.
3. 유리나 스테인리스 용기에 넣고 뚜껑을 덮어 냉장고에서 4시간 정도 얼린다.

유자소르베

유자 5개, 레몬즙 1개 분량, 시럽 1/2컵

1. 유자는 깨끗이 씻어 반으로 갈라 즙을 짠다.
2. 믹서에 유자즙과 레몬즙, 시럽을 넣고 가볍게 돌려 섞는다.

   note 시럽은 기호에 따라 양을 조절하세요. 넣지 않아도 좋습니다.

3. 유리나 스테인리스 용기에 넣고 뚜껑을 덮어 냉장고에서 4시간 정도 얼린다.

"I love you, daddy!"

프레시 레몬에이드

레몬 2개, 탄산수 2컵, 민트 5줄기, 시럽 1/2컵, 생강 간 것 1/3작은술

1. 레몬 1개를 깨끗이 씻어 반으로 갈라 즙을 짠다. 다른 하나는 깨끗이 씻어 껍질째로 얇게 슬라이스한다.
2. 컵에 레몬즙과 슬라이스한 레몬을 넣고 민트를 올린다.
3. 생강을 갈아서 넣고 탄산수를 붓는다. 기호에 따라 시럽을 추가한다.

리얼 오렌지에이드

오렌지 2개, 레몬 1/2개, 탄산수 2컵, 시럽 1/2컵, 민트 잎 1장, 생강 간 것 1/3작은술

1. 오렌지 1개를 깨끗이 씻어 반으로 갈라 즙을 짠다. 다른 하나는 깨끗이 씻어 껍질째로 얇게 슬라이스한다.
2. 컵에 오렌지즙과 레몬즙을 넣고 생강을 갈아서 넣는다.
3. 탄산수를 붓고 기호에 따라 시럽을 추가한 뒤 민트를 한 잎 올린다.

더운 여름날 상큼한 런치 타임!

꿀 발라! 자몽 꿀재미

자몽 1개, 꿀 1/2컵

1 자몽을 깨끗이 씻어 껍질째 2등분한다.
2 자몽의 과육 위에 꿀을 바른다.

자몽으로 어떤 디저트를 만들까 생각하다가 우연히 꿀을 발라봤어요.
어! 그런데 맛있더라고요.
'디저트는 과정이 복잡하다'는 틀을 깨주었죠.
재미있는 발견이었다고 할까요?
그래서 이 메뉴의 별명을 '꿀재미'라고 지었답니다.

내 가족을 위한 비밀 레시피
샘 킴의 판타스티코 이탈리아!

ⓒ샘 킴, 2014

초판 1쇄 발행일 2014년 4월 25일
초판 3쇄 발행일 2015년 11월 18일

지은이 샘 킴
펴낸이 윤은숙
기획·편집책임 이희원 팀장
디자인 A. BOOK
사진 한정수 studio etc. 02-3442-1907
푸드스타일링 김남정
마케팅 석철호 나다연 옥찬미
관리 구법모 엄철용

펴낸 곳 (주)느림보
등록일자 1997년 4월 17일
등록번호 제10-1432호
주소 경기도 파주시 회동길 198
전화 편집부 031-955-7383 영업부 031-955-7374
팩스 031-955-7393
홈페이지 www.nurimbo.co.kr

- 이 책의 글과 사진의 일부 또는 전부를 재사용하려면
  반드시 저작권자와 (주)느림보 양측의 동의를 얻어야 합니다.
- 책값은 뒤표지에 있습니다.

ISBN 978-89-5876-180-8 13590

이 도서의 국립중앙도서관 출판시도서목록(CIP)은 e-CIP 홈페이지(http://www.nl.go.kr/ecip)와 국가자료공동목록시스템(http://www.nl.go.kr/kolisnet)에서 이용하실 수 있습니다. (CIP제어번호: CIP2014011849)